变革与改制

徐潜 / 主编

吉林文史出版社

图书在版编目（CIP）数据

变革与改制／徐潜主编．—长春：吉林文史出版社，2013.3（2023.7重印）
ISBN 978-7-5472-1471-8

Ⅰ.①变… Ⅱ.①徐… Ⅲ.①社会变革-研究-中国-古代 Ⅳ.①K220.7

中国版本图书馆CIP数据核字（2013）第064283号

变革与改制
BIANGE YU GAIZHI

主　　编	徐　潜
副主编	张　克　崔博华
责任编辑	张雅婷
装帧设计	映象视觉
出版发行	吉林文史出版社有限责任公司
地　　址	长春市福祉大路5788号
印　　刷	三河市燕春印务有限公司
版　　次	2013年3月第1版
印　　次	2023年7月第4次印刷
开　　本	720mm×1000mm　1/16
印　　张	12
字　　数	250千
书　　号	ISBN 978-7-5472-1471-8
定　　价	45.00元

序　言

民族的复兴离不开文化的繁荣,文化的繁荣离不开对既有文化传统的继承和普及。这套《中国文化知识文库》就是基于对中国文化传统的继承和普及而策划的。我们想通过这套图书把具有悠久历史和灿烂辉煌的中国文化展示出来,让具有初中以上文化水平的读者能够全面深入地了解中国的历史和文化,为我们今天振兴民族文化,创新当代文明树立自信心和责任感。

其实,中国文化与世界其他各民族的文化一样,都是一个庞大而复杂的"综合体",是一种长期积淀的文明结晶。就像手心和手背一样,我们今天想要的和不想要的都交融在一起。我们想通过这套书,把那些文化中的闪光点凸现出来,为今天的社会主义精神文明建设提供有价值的营养。做好对传统文化的扬弃是每一个发展中的民族首先要正视的一个课题,我们希望这套文库能在这方面有所作为。

在这套以知识点为话题的图书中,我们力争做到图文并茂,介绍全面,语言通俗,雅俗共赏。让它可读、可赏、可藏、可赠。吉林文史出版社做书的准则是"使人崇高,使人聪明",这也是我们做这套书所遵循的。做得不足之处,也请读者批评指正。

编　者

2012 年 12 月

目 录

一、盘庚迁都　　　　　　／1

二、王莽改制　　　　　　／33

三、洋务运动　　　　　　／77

四、戊戌变法　　　　　　／117

五、五四运动　　　　　　／151

盘庚迁都

商朝第十九个王阳甲死后，其弟盘庚继位。为了摆脱混乱局面，巩固奴隶制国家的政权，盘庚决定把国都迁到殷（今河南安阳）。虽然这个决定遭到了一部分大奴隶主和贵族的强烈反对，但盘庚最终冲破了大奴隶主贵族的种种阻拦，成功迁都。这就是历史上著名的"盘庚迁都"。

一、先商的迁徙

(一) 商的起源

商是一个古老的民族,具有悠久的历史。商原是夏朝东部一个以玄鸟为图腾的部落,祖先叫作"契"。"天命玄鸟,降而生商,宅殷土芒芒",这是《诗经·商颂·玄鸟》中的诗句,说的是商的始祖契的母亲简狄吞玄鸟卵而生契的神话故事。《史记·殷本纪》也记载:"殷契,母曰简狄,有娀氏之女,为帝喾次妃。三人行浴,见玄鸟堕其卵,简狄取吞之,因孕生契。"

《史记》中的这段文字讲述了一个美丽的传说:在远古的黄河之滨,中原的天空是那样的蔚蓝,阳光是那样的明媚,一只玄鸟唱着歌儿从空中飞来,带

给人们无穷无尽的遐想——它是天的使者,原始部落的人们都对它顶礼膜拜。帝喾的妃子简狄,自从嫁给帝喾后,一直没有生育儿女。在这一年,简狄和帝喾及家人到郊外祭祀媒神(专司生儿育女的神)。祭祀时,简狄诚心祈祷,希望能有一双儿女。祭祀仪式后,简狄和她的两个妹妹在水中洗澡。这时,有一只衔着卵(即鸟蛋)的玄鸟落下来。简狄眼疾手快,接到了鸟卵。出于好奇,简狄把那卵含在嘴里,谁知一不小心,竟吞了下去。简狄因此怀孕,几个月后难产,剖腹生下一子,取名为契,契即是阏伯,就是传说中的商的始祖,这就是"玄鸟生商"的美丽传说。

商族以玄鸟作为图腾。图腾崇拜是一种普遍存在于世界各原始民族中的原始宗教仪式,他们认为某种动物或自然物与本氏族有血缘关系,以此作为本氏族的标志。至于玄鸟,《毛传》:"玄鸟也,一名燕,音乙。"《说文解字》释:"燕,玄鸟也。"可见玄鸟即燕,商是以燕子为图腾的。

（二）先商——迁徙的民族

商人的祖先契，因为协助夏治理水患有功，受封于商。商当时因为居住在商水沿岸而得此名。商还是一个善于放牧的民族，不断迁徙、游移不定，早期过着逐水而居的生活。可能受这种游牧传统的影响，经常迁徙便成为先商部落的特征。文献记载，商人由始祖契开始至商汤灭夏以前的四百多年间，共有八次迁徙。从河北南部的漳水一直南迁，大致迁徙范围在今山西南部、河南东部及山东西部。《世本》有"契居番"的记载。"番"就是"亳"，在今河南商丘附近。《史记·殷本纪》上说："自契至汤八迁。"契的儿子昭明迁居砥石(今河北氐水流域)，昭明的儿子相土又迁居商丘。相土以商丘为中心，把势力扩张到黄河下游的广大地区、泰山附近以及渤海沿岸，后来这里被称为"相土之东都"。但至于商起源于何地，由于远古时期史籍记载不详，加上后世地名变化很大，一直还是个谜。

千百年来，专家学者做了大量的考证，得出商起源于东方的结论。据记载，东方民族对他们祖先的来源有一种共同的传说，即所谓"卵生"。商人认为自己是"卵生"的，所以，他们先世兴起的地方应该是在东方。

盘庚迁都

从族源与图腾的角度上讲，商的起源是在北方，商的图腾是玄鸟，也就是燕子。燕子属于候鸟，在生活习性上有一个显著的特征——随四季气候变化南北迁徙。图腾对一个民族来说不同于其他的自然物。"图腾是原始民族所崇拜的物象，他们相信在自己与它们之间存在着极特殊的关系……个人与图腾之间的关联是一种自然利益的结合；图腾保护人们，而人们则以不同的方式来表示对它的崇敬，如果它是一种动物，那么禁止杀害它；如果它是一种植物，那么禁止砍伐它。"（弗雷泽《金枝》）既然商人把燕子作为图腾，那么必定对它的行为习性都十分关注。原始氏族多认为图腾物与自己有血缘关系，商人亦然。但是他们并不能理解燕子作为候鸟的迁徙行为，他们把这看作是一种神秘的而

又与自己祖先的活动有紧密联系的行为,因而他们对图腾的崇拜使他们有着一种了解图腾和祖先的需要。燕子每年向南迁徙又从南方回迁,这使商人从心理上产生了一种对南方的好奇和向往。他们觉得南方与自己的祖先存在着紧密联系,甚至产生了自己的祖先来自南方的心理幻觉,正是这种心态为商人不断南迁提供了心理与精神上的依据。

从经济形态上来讲,商朝先民的不断迁徙,是他们还处于游农经济阶段的表现。从殷墟卜辞的记载看,商朝已进入了完全的农业社会。《前编》中有如下记载:"庚申卜贞我受黍年,三月。""乙酉卜黍年有正。""庚子卜宾翌辛丑之告麦。""庚午卜贞禾有及雨,三月。""贞亥求年于岳。"文中记载了商人种植黍、麦等作物并为之祷告求雨的现象,在甲骨卜辞中也有大量相关的记载。可见,农业生产已在商人的生活中占据了主要的位置。从成汤至盘庚经历了二十一王,只徙五次。契至成汤只十四王却八迁。从迁徙的频率上讲,先商的迁徙次数明显更多。成汤所居亳与盘庚迁到的殷都都经历了相当长的时间,这说明商朝已完全成为定居的民族。先商十四王的迁徙频率,说明商族还处于非定居的游农经济状况。所谓游农,也就是以农耕为主,只是先商的生产力比商朝更为低下,耕作方式更为粗放,对土地的利用非常不合理,因而当一地的地力用尽之后就需更换耕地。于是,先商不得不常常迁徙。商汤定都亳并经历了十一王至仲丁时才迁到殷,结合卜辞中农业生产的相关记载,可以看出,此时商殷农业生产已经有了不小的发展,土地的使用问题已经不再构成商殷迁徙的主要原因了。从生产工具上看,与先商时期相比,商朝并没有很大的进步,青铜尚未被作为贵重金属在农具中广泛使用。此时的农具仍以石器为主。但从商朝的青铜酒器的发达可以看出,商朝的粮食已经有了大量的剩余。郑州、偃师这些城市的规模之大,都表明商朝的农业比起先商时已有了巨大的发展。城市的建立、人口的聚集降低了商人的迁徙频率,同时耕地的利用率也随之上升。这就说明,在生产工具没有变革的前提下,商朝农业的发展是土地利用效率提高的结果。而土地利用率低、粗放耕作正是先商屡屡迁徙的原因之一。

商人屡屡迁徙的另外一个原因是受到北方游牧民族的不断侵扰。据《史记》

载:"匈奴,其先祖夏后世之苗裔也,曰淳维。唐虞以上有山戎、猃狁、荤粥,居北蛮,随蓄牧而转移。"其中提到荤粥为匈奴先世,《史记》上又载有黄帝北逐荤粥的传说。可见先商时期就已经出现了北方游牧的侵扰。在商代,西北游牧民族大致已经进入军事民主制阶段。匈奴也是"自淳维以至头曼,千有余岁,时大时小,别散分离","士力能弯弓,尽为甲骑",平时"则随蓄因射猎禽兽为生业",战时"则人习战攻以征伐"。可见,当时北方的少数民族就有向中原侵扰的行为。他们南下入侵中原是迫使商向南迁徙的重要原因。

此外,在商农业取得了较大发展的同时,他们的居住地出现了连续降温,导致商族向环境更加适宜的南方迁移。在距今3000—6000年前后,发生了几次持续降温,这一系列的气候降温现象出现在商从形成到建国再到被周取代的整个时间段中,在这个时期受到中原影响的长城一线的北方农业民族也逐步向畜牧民族和游牧民族转化。同时,以前北方地区依赖水草资源发展、从事农业经济的民族由于气候逐渐干冷,已无法生存下去,这样北方的民族开始向南或东南方向移动,促使商人也逐渐向南移动。从这里可以看出气候与区域文化交流之间的关系。当气候温暖湿润时,中原文化北上发展;当气候干冷时,北部、西部的文化就向东南扩张。商殷的形成刚好处在这样一个西北文化向东南扩展的过程当中。先商时期尚处于游农经济阶段,生产水平低下,因为实力较弱,抵挡不了游牧民族南下渐进的势头,不得已而迁处。商先祖王亥,以服牛著称,他被河北有易氏部落首领面绵臣所杀事件也说明当时先商不过是一个小部落,经济军事实力都是极为微弱的。而到了商族强大的武丁时期,不仅可以抵御北方少数民族的侵扰,还可以主动出兵征伐。综上,先商屡迁不仅有其经济、心理上的原因,更是当时北方大环境作用的结果。

二、盘庚迁都的原因

(一) 关于盘庚迁都原因的几种牵强说法

商汤灭夏之后,定都于亳(今河南商丘附近),建立起一个较强大的奴隶制国家商朝。商代都城屡迁,在历史上极为有名,"殷人屡迁,前八后五"。关于前八迁,是指自契至于成汤的八迁;关于后五迁,即自汤至于盘庚的五迁,《书序》《史记·殷本纪》《古本竹书纪年》中均有记载。五迁就是:一、仲丁迁嚣;二、河亶甲迁相;三、祖乙迁邢;四、南庚迁奄;五、盘庚迁殷。为什么商人会经常迁都呢?历史学家提出了不少看法。如去奢行俭说,认为盘庚迁都是迫使贵族离开他们苦心经营的旧居,由奢返俭,改善平民的处境,缩小贫富差距,缓和矛盾;水患说,认为水患造成了严重的经济、社会问题,生态环境破坏,而殷地则条件优越;游牧说,认为迁都是游牧生活的必然;游农说,认为当时商人处于渔猎向农业经济过渡阶段,需要经常改换耕地。

盘庚为何要将都城从奄(今山东曲阜)迁到殷(今河南安阳),古今学者始终没有得出一个统一的结论。"水灾"说试图从自然灾祸方面去寻求商都屡迁的原因,但它举不出一条过硬的材料来证明水灾逼迫商人迁都。相反,从汤至仲丁,传六代十一王,难道这么长一段时间就没有闹过水灾吗?而且从武丁到纣的卜辞多次记载洹水泛滥为害殷都,但殷人并未因此迁都。为何盘庚之后的水灾不能逼人迁都,而盘庚之前的水灾却能逼人迁都呢?另外,商朝的几个都城全在黄河两岸,尤其是仲丁由亳迁嚣和盘庚由奄迁殷,越迁越向河滨,这种现象用"水灾"说是无法解释的。

"游牧""游农"说试图从社会生产方面去寻求商都屡迁的原因。"游牧"说认为,商人在盘庚迁殷之前还是迁徙无定的游牧民族,到盘庚时才有农业的雏形,由游牧经济转入农业经济,因此有了定居倾向。但商代卜辞和考古资料证明,早在商代前期,农业已是最主要的生产部门,所以,此说不符合历史实际情况。"游农"说认为,商代的农业是原始的。其原始性表现为生产工具的笨拙和耕作方法的原始。商人采用"火耕"的方法,即"焚田",来代替笨拙的生产工具开辟原野,把林莽烧平后,在灰土上播种。他们既不知道灌溉,也不懂得施肥,一旦土地的自然力耗尽,便需改换耕地,不得不经常迁徙。"游农"经济是商人都城屡迁的原因所在。但考古资料证明,郑州和小屯两地商代文化中出土的石镰和石斧都很近似。这两地正好一个代表商代前期,一个代表商代晚期。商代农业生产已使用少量青铜器。目前出土的几件青铜农具,商代前后期的数量也大体相当。这说明商代前后期农业生产工具并未发生重大变化,同样是"笨拙"的。至于耕作方法,商人已懂得施肥,《氾胜之书》说:"汤有旱灾,伊尹作区田,教民粪种,负水浇稼。"甲骨文"屎"字即粪便之"屎"字。卜辞中有大量"屎田"的记载,商代初期已知"粪种",当是可能的。"游农"说的论据经不住推敲。另外,它跟"水灾"说一样,无法解释仲丁之前和盘庚之后,商都稳定的史实。所以,"游农"说也难以令人相信。"去奢行俭"说和"王位纷争"说试图从社会政治方面去寻求商都屡迁的原因,此说多少有点合理成分。

(二) 王室斗争——九世之乱

成汤建国后,经过几百年的发展和连续几代的内乱,王位传到了盘庚手里。这时候的商朝,政治腐败,王室内部斗争激烈,阶级矛盾尖锐,加上天灾频繁,面临着严重的危机。商代中期王位纷争造成的政治动乱是盘庚迁都的客观原因。到了商朝第十一个王仲丁以后,奴隶主贵族之间的矛盾公开化,连续发生了数次争夺王位的斗争,政局动荡不安,对外控制也逐渐削弱。原来臣服于商的方国,纷纷脱离了商,商王朝开始衰弱。前后不过一百五十年,相继四次迁都,从亳开始最后到奄(今山东曲阜),商的势力范围越来越小。成汤时期的国家权力已经初步确立,奴隶制的社会秩序基本稳定。

但是，成汤死后，却发生了"伊尹放之（太甲）于桐"（《孟子·万章下》）的王室内部斗争。

商朝建立后，其君位的继承制度有一个明显的弊病：虽说商王的王位继承制度是以兄终弟继位为原则，但没有作绝对的规定，所以并不十分明确。实际上，商王去世后，继承者可以是先王的儿子，也可以是先王的弟弟；而继承王位的先王之弟去世后，对于立先王的儿子还是立弟弟的儿子并没有明确规定。因而每当一个商王去世，都要经过一场激烈的斗争来决定继位的人选。按照规定，商王太丁死后，王位应当由太丁之弟外丙继承。但是，太甲却没有遵照这个原则，而是自立为王，这自然是一种"不遵汤法"（《史记·殷本纪》）的行为。所以，庖人出身的伊尹，起身维护"汤法"。伊尹就把太甲赶下台，并放逐到商汤的墓地桐宫（今天河南偃师市）。太甲被放逐期间，由伊尹代管国家大事。太甲被放逐到祖父墓地，每天看着商汤的坟墓，虽然是开国君主，坟墓却很简单。守墓人听说太甲因为不守祖训被流放到这，就每天给他讲商汤创业的故事，教育太甲要像祖父一样。太甲深受感动，以祖父商汤为镜，反省自己的行为，终于认识到自己的错误。他先在桐宫附近蓄势。三年过去，伊尹通过太甲在桐宫的所作所为，确信太甲已经可以担当起君主的责任了，就亲自带领文武大臣接回太甲，把政权交给他。太甲重新复位，并且获得了"太宗"圣君的称号。由此可见，商王国建立伊始，王室内部的斗争就非常尖锐和剧烈。仲丁以后，《史记·殷本纪》载，在仲丁、河亶甲、祖乙、祖辛、沃甲、祖丁、南庚以至阳甲之间，王位继承权问题一直困扰商朝，形成了"九世乱"。

按照商代继承制度，仲丁为大戊长子，其子祖乙本无继承权，王位应当传给河亶甲子，但是仲丁之子祖乙却用非法手段夺去了河亶甲子的合法继承权。特别是祖辛、祖丁、阳甲三代，王位争夺尤为剧烈。按照当时的继承制度，祖辛传位于弟沃甲后，再传下一代时，王位本应由沃甲子南庚继位，但却被祖辛之子祖丁夺去了。祖丁死后，沃甲于南庚又重新夺回王权。南庚夺回王权后，按理祖丁家系本应永远失去了王位的继承权，但其子阳甲又再次夺得了王权。由于当时王位不能按照规定继承，因而也就造成了王室内乱，削弱了商王国的统治力量，出现了"隋侯莫朝"的政治局面。有的商王为了避开内部派系的斗争，只有采取迁都的办法，把亲自己一派的势力迁往新都，以求得安宁和发展。根据《史记·殷本纪》"自仲丁以来，废适而更立诸弟子，弟子或争相代立，比九世乱，于是诸侯莫朝"的记载，注意到从仲丁至阳甲正好九王，先秦典籍中"九世"即指"九王"，这"九世之乱"与商都屡迁，在时间上如此若合符契，决非偶然巧合，它应是促使商都屡迁的客观原因。这个推断，可以在《尚书·盘庚》里找到证据。盘庚追述先王迁都原因时说："殷降大虐，先王不怀厥攸作，视民利用迁。"很明显，"大虐"不是天灾而是人祸，就是指以王位纷争为中心的"九世之乱"。这句话的意思是说，政治上的动乱和纷争，给人民带来无穷灾祸，先王并不死守他们手造的基业，情愿为人民的利益而迁徙。

　　王位纷争所引起的社会动乱，为什么必须用迁都的办法来解决呢？因为"九世之乱"的直接后果是商王权威削弱和贵族势力膨胀。贵族势力膨胀，表现在经济上，是聚敛财富；表现在政治上，是弑君篡位。斗争的双方，为了赢得胜利，必须借助天时、地利与人和。天时，是不以人的意志为转移的。而人和则要靠主观努力去争取。唯独地利，谁占有它，地势上的优势就属于谁。很明显，既然贵族的势力能够膨胀起来，并足以威胁王权，那么，贵族一定占有地利。殷商时期虽然已进入青铜时代，但社会生产力发展水平仍旧很低。在当时那种社会发展水平下，地利的作用就显得格外重要。通过迁都来改变贵族地利的优势，从而削减贵族的实力，是商王的战略措施。这应是促使商都屡迁的主观原因。盘庚迁殷几乎遭到举国上下的反对，"民咨胥怨"，但主要阻力不是来自平民，更不是来自奴隶，而是来自贵族。贵族用言论来煽动民心，而盘庚则高举"天命"和"先王"两面大旗，声称为人民打算，借以争取民心。在当时，"天命"和"先王"无疑是有威信的，于是盘庚得以成功迁殷。将迁之时，盘庚发出警告："乃有不吉不迪，颠越不恭，暂遇奸宄，我乃劓殄灭之，无遗育，无俾易种于兹新邑。"就是说，有奸诈邪恶，不听话的人，我就把他们斩尽杀绝，不让这种人遗留在新邑繁衍下去。可见，盘庚企图通过迁都打击贵族。即使在迁都之后，盘庚仍重申：

无论与商王血缘关系远近，只要犯罪就处死，只要立功便封赏；并宣称自己有权"制乃短长之命"。这说明盘庚通过迁都镇压了异己，商王权威上升了。"九世之乱"的教训是深刻的，为了避免历史重演，王位继承制发生了变化。商王继统法分三期：第一期大丁至祖丁以兄为直系，第二期小乙至康丁以弟为直系；第三期武乙至纣传嫡长子。盘庚处于由第一期向第二期转变阶段。嫡长子继承制的确立，减少了王位纷争，王室内部逐渐稳定下来，所以迁殷后273年没有再迁都城。"王位纷争"说对商代前期都城屡迁的解释是比较合理的。这也是盘庚迁都的直接原因，也就是说，盘庚继位后之所以极力主张迁都，主要是为了解决由王位争夺而引发的王室内部的纠纷。

（三）经济原因

盘庚在迁都前后的演讲中，纵使没有明确说出迁都的原因，也多多少少将其原因透露一二。史书《盘庚》中有这样的记载："水泉沉溺，故荡析离居……罔有定极。"或有这样的描述："殷降大虐，先王不怀厥攸作，视民利用迁。"从中我们不难看出水灾可能是迁都的一个原因，但水灾仅仅是促动迁徙的一个客观原因。更重要的原因是"好货""贝玉""货宝"与"生生""作劳""服田"之间的冲突。"好货""贝玉""货宝"指代的并非"民众奢侈"的生活习俗，而是指重商轻农的社会趋势。众所周知，在殷商时代，贝是最常使用的货币。可见，盘庚迁殷旨在"轻商重农"而非"去奢行俭"。由于频有水患，旧都奄已不利于农业生产，而其靠海临江，有便利的交通条件，当时的民众从事商业活动的条件比较优越，而商业的拓展势必会造成血缘统治的松动。面对"重商轻农"引发的血缘统治危机，盘庚不顾卜问的凶兆、臣民的反对，毅然迁都，将整个血缘部落带到殷——一个新垦地、一个更容易发展农业的地方，推行"重农轻商"的政策。他对贵族说"不肩好货，敢恭生生"是其施政纲领，而从殷墟出土的甲骨文中我们也可以看出殷人十分重视农业，卜辞中有大量关于耕作的记载以及关于年成的卜问。盘庚迁殷后进行了一系列重农轻商的改革，于是一个新的富裕但无权的阶层无法产生，也就无法去冲击建立在与王的血缘亲疏基础上的社会等级秩序，以及以此标准来形成的血缘政治，因此殷商的血缘统治非常稳定地保持着、发展着。

(四) 社会原因

社会因素上，盘庚迁都与当时社会上的婚姻状态有密切关系，与对偶氏族的关系难以维系是盘庚被迫率部迁移的重要因素。至于盘庚怎样实现本族的永久性定居，他曾经表达过这样的意思，"天其永我命于兹新邑，绍复先王之大业，厎绥四方"，这其中既包含了他的使命感，也提及了他为实现永久性定居所采取的有效策略。这个策略就是"绥四方"，绥字在甲骨文中为"以手抚女"的意思，当时特指盘庚治下之商所奉行的同时与多个异姓氏族广结姻缘的做法。实施"绥四方"策略的内在前提是对偶氏族的解体。父系氏族这一条件，能够保证禁止本氏族出生的男女间的婚配。通婚氏族也不必固定，对偶氏族便自然解体了。此外，实施"绥四方"策略还需要一定的外部条件，如人口的激增使各族体分裂速

盘庚迁都

度加快。商属氏族可以潜在通婚的人口资源变得充足，如邻近的异姓氏族也渐次实行父系氏族制度。女性当然成了异姓氏族间通婚的交换对象。正因为"绥四方"所要求的条件在盘庚时期都具备了，所以盘庚实现了商在殷的永久性定居，以及由母系氏族制度向父系氏族制度的转型。这一转型过程始终与其大规模进行的商属氏族频繁迁移相伴。到了盘庚时期，父系氏族制度在商部族内部成为一种不可逆转的占统治地位的制度，使氏族制度得以全面实施。商属氏族配偶的来源多样化，使其在婚姻方面对单个异姓氏族的依赖性大为减弱，再也不必通过迁移的办法解决氏族生存繁衍的问题了，也正是在这样的条件下，盘庚才能率部在殷永久地定居下来。

（五）新都的选择

盘庚定都于殷，不再迁徙，也反映出这时候农业的重要性已经超过了畜牧业，人们有了定居下来的需要。盘庚决定迁殷，是经历了一番斗争的。太甲之后，商朝历代的君主和奴隶主贵族们，过着腐化的生活。他们寄生在国人和奴

隶身上，残酷地剥削人民和奴隶，任何事情都驱使奴隶去做。在奴隶和奴隶主之间，阶级矛盾十分尖锐，奴隶们不堪忍受折磨，大批逃亡。在统治者之间，对王位的争夺也十分激烈，有的人说应当父死子继，有的人说应当兄终弟及，叔侄之间、兄弟之间，为争夺王位，常常展开你死我活的斗争，为私利把国家搞得混乱不堪。商朝被阶级矛盾和奴隶主内部的矛盾削弱，国力日渐衰弱，有些小国和少数民族也趁机起来反叛，再加上水涝、干旱等等自然灾害，内外交困使得商朝这个奴隶制国家几乎到了崩溃的边缘。正是在这个时候，阳甲——商朝的第十八个王死了，阳甲的弟弟盘庚继位。盘庚是个很有智慧的人，他将这种情况看在眼里，觉得不能再这样下去了。为了挽救衰亡的商朝，盘庚决定把都城迁到殷，他认为有如下好处：一、殷地的土地比较肥沃，自然环境和现在的都城奄比起来，无论是建设都城还是发展农业生产，都要更好一些；第二，自太甲以来，商朝历代的君主和奴隶主贵族们，过着腐化的生活，奴隶和奴隶主之间的阶级矛盾十分尖锐。而迁都以后，王室、贵族将会受到抑制，这样阶级矛盾就可以得到一定程度的缓和；第三，迁都可以避开那些叛乱势力的攻击，都城会比较安全，外部的威胁少了，统治就可以稳定很多。

还有学者从社会结构发展变化角度来解释盘庚迁都，认为商代存在一个政治上的方国联盟，迁都实际上是方国联盟政治中心的转移，这一方面有利于联盟对付敌对势力的骚乱，另一方面可以调整方国之间的关系，巩固并发展方国联盟。从总体上来看，这几种因素都影响到了盘庚迁都。

三、盘庚迁都的过程

（一）迁都阻力重重

盘庚迁都的原因极为复杂，不仅涉及到商王朝内部错综复杂的矛盾，也牵扯到其与周围各诸侯和方国的关系。总之，在内外诸多矛盾交织的背景下，迁都绝非易事。仅就迁都这件事本身来说，就存在相当大的难度。因为根据文献记载和考古发掘资料显示，自汤建国起，商代已是农耕经济，发展到盘庚时期，商代的农业、手工业、畜牧业等更是得到进一步的发展。此时已不再是先商时期逐水草而居的游农时代。因而，这时的迁都也就不再像先商时的那种具有部落流动或方国转移性质的迁徙那样容易——先商时期的迁徙可以即行搬迁，毫不犹豫。如林之奇所说："盖古者邑居无常，择利而后动。其宗庙、社稷、朝市之制，简而不伙，约而不费，故不以屡迁为劳也。"也就是说，那时需要迁移时，不需要兴师动众搬迁，程序很简单，可以马上行动。

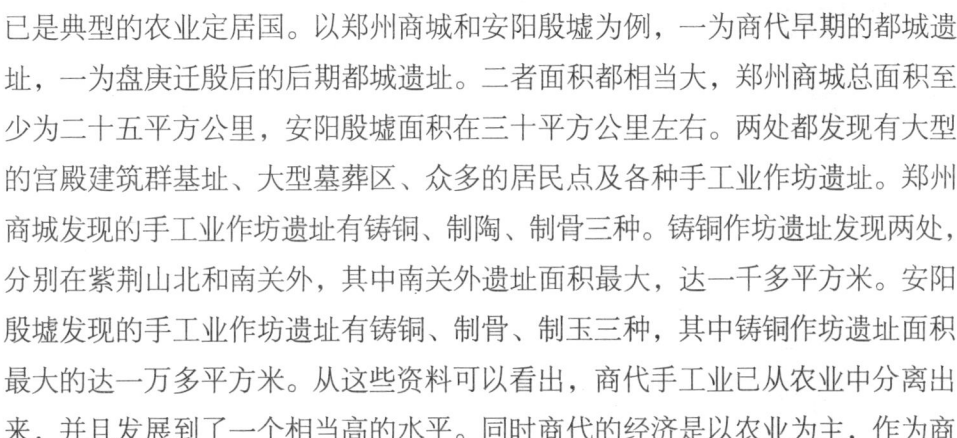

汤建国以后的商代都城，已具备了真正的都邑性质。从多年来发掘出的殷墟和其他几处商代遗址的都邑规模、贵族墓葬及各种作坊遗址来看，商代已是典型的农业定居国。以郑州商城和安阳殷墟为例，一为商代早期的都城遗址，一为盘庚迁殷后的后期都城遗址。二者面积都相当大，郑州商城总面积至少为二十五平方公里，安阳殷墟面积在三十平方公里左右。两处都发现有大型的宫殿建筑群基址、大型墓葬区、众多的居民点及各种手工业作坊遗址。郑州商城发现的手工业作坊遗址有铸铜、制陶、制骨三种。铸铜作坊遗址发现两处，分别在紫荆山北和南关外，其中南关外遗址面积最大，达一千多平方米。安阳殷墟发现的手工业作坊遗址有铸铜、制骨、制玉三种，其中铸铜作坊遗址面积最大的达一万多平方米。从这些资料可以看出，商代手工业已从农业中分离出来，并且发展到了一个相当高的水平。同时商代的经济是以农业为主，作为商代社会经济的基础,农业的地位至关重要。在商代,商王和民众都极其关注农业,《盘庚》篇中就有"若农服田力穑,乃亦有秋""惰农自安,不昏作劳,不服田亩,越其罔有黍稷"的记载。甲骨卜辞中亦有许多关于耕作、收获、卜问年成及卜雨的记载。而且商代农业是比较发达的,因为据古文献记载,商人有好酒之风,考古发掘的商代墓葬对此也作了最好的诠释,几乎所有的墓葬(除非正常埋葬外)不管大、中、小型,都有酒器组合觚和爵。这说明商代上至贵族下至平民,都喜欢饮酒,否则的话不会以酒器作为随葬品。如果商代的农业不发达,怎么可能有大量的盈余粮食用以酿酒呢?从以上材料,我们不难看出商代社会的经济性质及都城规模。在这种情况下,迁都本身就是极为麻烦和困难的,单就在新都重建各种公共设施,建造宫殿、房屋,开垦荒地而言,都要消耗大量的人力、物力和财力。

除迁都本身的困难外,盘庚迁都还要克服由此而引发的诸多内部矛盾与冲突。首先,在迁都中利益损失最大的是大贵族,他们必然地强烈反对迁都。大贵族们在旧都长期聚敛财富,过着极其奢华的生活。文献对此也多有记载,《后汉书·郎传》中有"祖辛以来,民皆奢侈"的表述。一旦迁都,贵族们必然会蒙受巨大损失。因此,他们"协比谗言",以"浮言"惑众,煽动平民一起反对迁都。这些大贵族在政治和经济上拥有的特权给盘庚迁都带来了巨大的压力和阻力。

其次,迁都在一定程度上也损害了平民的利益。虽然盘庚时期贵族与平民之间的矛盾由于贵族聚敛财富、发动战争而变得日益尖锐,平民的处境不断恶

化,遭受的剥削也日益加重。但是,要他们抛弃家园,抛弃经过精耕细作已具备相当肥力的熟田,颠沛流离,到新的地方重新开垦荒地,建设家园,同时还要不可避免地为大贵族服劳役,修筑宫室……这不能不让他们心生疑虑。尽管从长远利益考虑,迁都有利于减小贫富差距,缓和平民与贵族的矛盾,也有利于平民生活环境的改善,但从眼前的切身利益出发,他们的利益也确实会受到一定损害。

大贵族谗言惑众,平民不明真相,必然会随之反对迁都,诚如《尚书·盘庚中》所言,"今予命汝一,无

起秽以自臭,恐人倚乃身,迁乃心"。盘庚认为他们是受到别人的鼓动才会那么做。再者,当时的奄地并非到了非迁不可的境地。从《盘庚》篇记载的大贵族淫逸、苟安、不愿迁都的情况看,绝不是因为奄有迫在眉睫的兵火之危而不得不迁都,否则的话,贵族和民众出于自身利益的考虑,也会顺从盘庚迁都之举,而不是如此强烈地反对。

(二) 盘庚的果断决策

既然迁都决心已下,盘庚首先派人认真选定了新都的地址——北蒙(在今河南安阳西)。这里正好地处商朝疆域的中部,且形势险要:左有孟门关(在今河南辉县),右有漳水和滏水,前有大河可供航行,北有太行山做屏障,是号令天下的理想之地。接着,盘庚立刻颁布了迁都令。但是,迁都的命令遭到了不少上层贵族的反对。他们有的假装要维护祖宗的宗庙;有的说都城由奄向北蒙迁移是西迁,不吉利;有的甚至煽动一些平民出来请愿闹事。盘庚于是果断地宣布:"迁都的事我已请巫师多次卜算过,是顺应天意的,也有利于国家安定和百姓幸福。我的决心已定,谁再反对,将受到严惩!"

于是,盘庚终于将商都迁到了北蒙,并且很快将这里建成了商的政治和经济中心,取名为"大邑商"。盘庚在这里进行了一系列的整顿与改革,使商王朝得到了中兴。盘庚在位二十八年,他之后,商朝又经历了八代十一个王,却再也没有迁都。由于商都大邑商边上有一块商王的田猎区名叫"殷",因此,也有人将商都称作殷或殷都。在商朝灭亡以后,殷都就被废弃了,因此人们又称这里为"殷墟"。

《尚书·盘庚》记载了盘庚迁都时对臣民的三次讲话,完整地记述了迁都的经过。《尚书·盘庚》三篇,是对"众戚""众""百姓"和所谓"邦伯、师长、百执事之人"的训话。因为当时人民不愿迁徙,纷纷反对盘庚的迁都计划,他才会集合民众公开说明迁都的理由。他在讲话中时而用温和的语调安慰他们,时而用严刑加以威胁,时而又用先公先王的神灵加以恐吓。例如盘庚对商王族"在位共政"的"众戚"们说:迁都的计划遭到了反对,是由于你们贵族当政者

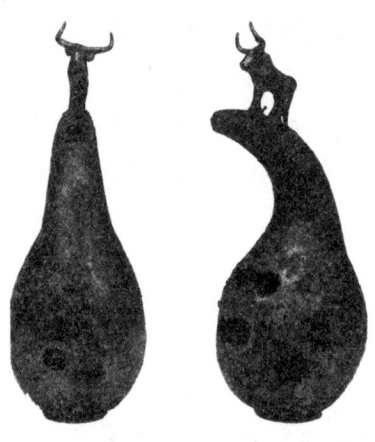

对公社农民众人进行了煽动。我会向你们证明，我迁都的目的是继承先王的基业，以平定四方，我将仍像先王一样任用旧人共事（"人惟求旧，器非求旧，惟新"）；同时，我还劝告你们不要欺负老成人，也不要欺侮弱小孤苦的幼年人（"汝无侮老成人，无弱孤有幼"），我警告你们，以后要做好分内的事，不要再散布流言，否则我将不客气地处罚你们（"罚及尔身，弗可悔"）。他对"众"即公社农民则说：你们不应该不体谅我（"汝不忧朕心之攸困"）而听信坏人的话（"恐人倚乃身，迂乃心"），在我的朝廷中有了乱政的人，贪图横财（"兹予有乱政同位，具乃贝玉"），而我所以迁都正是为了让你们的生活安定，并不是因为你们有罪，要惩罚你们（"承汝俾汝，惟喜康共，非汝有咎，比于罚"）。他威胁那些胆敢再度反抗的民众说：我将要把你们杀了，不让你们恶劣的种子遗留一个在这个新邑之中（"我乃劓殄灭之，无遗育，无俾易种于兹新邑"）。最后，他号召民众说：去吧！去寻求安乐的生活吧！现在我要把你们迁过去了，在那边，永久安定你们的家（"往哉，生生！今予将试以汝迁，永建乃家"）！将迁之时，盘庚指责贵族中有贪求财富的乱政官吏，既迁之后，他又告诫官吏不要积聚财物，应施惠于民。盘庚通过迁都镇压了异己，巩固了王位。商代前期，王位纷争造成商王的权威被削弱以及贵族的势力膨胀，通过迁都削弱贵族实力，是商王的惯用措施。据《尚书·盘庚》记载，盘庚迁都时的阻力主要来自贵族，盘庚利用"天命"和"先王"两面旗帜对贵族发出威严警告，迁都后更是进一步强调：不管与商王血缘关系的远近，获罪者处死，立功便封赏。迁都还可以避开一些小国和少数民族叛乱势力的攻击，都城比较安全，外部的干扰少了，统治就可以稳定很多。

盘庚又对异性贵族和地方长官说：现在我来开诚布公地把我的意见告诉你们（"今予其敷心腹肾肠，历告尔百姓于朕志"）。我并不是把罪过加在你们身上，你们不要一起对我表示不满（"尔无共怒"），互相联合在一起来毁谤我个人（"协比谗言予一人"）。我迁都是为了恢复我们祖先的行为（"肆上帝将复我高祖之德"），安定我们的国家。我将努力地提拔你们做助手，你们也要开诚布公怜悯我们的民众（"予其懋简相尔，念敬我众"）。我不会任用爱财的人，你们若能共同谋生，养护人民，能为人民的安居而操劳，我就嘉奖你们。现在我已将自己的意见告诉了你们，不管你们同意不同意，也不许任何一个人不服从我（"今我既羞告尔于朕志，若否，罔有弗钦"）。从这些讲话中，可以进一步证明，盘庚的迁都，与奢侈、河患、外寇、地力衰退和贵族与平民的斗争关系并不大。其实，探索这个原因，也并非绝对不可能，只要联系盘庚迁殷前的社会矛盾，只要结合《盘庚》三篇的含义，还是可以找出线索的。例如，盘庚在讲话中说道："尔谓朕：'曷震动万民以迁？'肆上帝将复我高祖之德，乱越我家。朕及笃敬，恭承民命，用永地于新邑。"这句话的意思是说，现在有人问我："为什么要惊动万民来迁都呢？"我告诉你们，这是因为我要恢复我们祖先的德政，重新振兴我们的国家。所以我必须积极地向着这一目标前进，老老实实地建立新的秩序。

他又说，这次迁都的目的是，"绍复先王大业，厎绥四方"，就是说，是要继承并恢复先王的伟大事业，使天下安定。在这里，盘庚把迁都的原因归于"恭承民命"当然只是为了掩人耳目。但是结合盘庚之前的"九世之乱"来看，重新建立奴隶主商王朝的新秩序才是他的真正目的。此时盘庚看到奴隶主阶级内部的斗争已经到了无法互相融合的程度，而且他还看出这一斗争如果继续下去，就会导致"殷降大虐"，即殷王朝的统治有覆灭的可能。盘庚之所以如此力主迁都，主要是想通过迁徙，削弱那些具有争夺王位实力的奴隶主贵族的政治地位和统治力量，进而强化自己的统治权力。

四、盘庚迁都成功的原因

盘庚在面对重重阻力及诸多困难的情况下，毅然决然迁都，并最终获得成功，王权有了充分发挥的余地。如果说盘庚时期王权还没有发展到一定程度，仍像商前期那样受族权和神权的强烈制约，那么此次迁都大概会迫于大贵族（即族权）的反对而根本无法进行。然而盘庚的做法却恰恰与此相反——他不受诸多反对意见的压制，冲破层层阻力，强行迁都。甚至在迁到新都以后，盘庚在对众官吏讲话时，还被问到"曷震动万民以迁"的问题。作为统治阶级的众多官吏大臣竟不知迁都原因这样的关键问题，可见他们关于迁都的意见并未被盘庚严肃考虑，同时也体现出王权的高度集中。在整个迁都的过程中，王权发挥了极为重要的作用。

（一）王权压服了族权和神权的限制，强迫迁都

从《盘庚》篇中可以明显地看出此时的王权已基本上控制了族权，并控制了部分神权。文中多处表现出商王盘庚对贵族大臣所具有的奖惩权和生杀权。如上篇中盘庚对众戚大臣的讲话，"世选尔劳，予不掩尔善。兹予大享于先王，尔祖其从与享之。作福作灾，予亦不敢动用非德""无有远迩，用罪伐厥死，用德彰厥善"。下篇中"予其懋简相尔，念敬我众。朕不肩好货，敢恭生生，鞠人谋人之保居，叙钦"。从这些话中，不难看出对贵族大臣的赏罚都掌握在商王手中。同时盘庚还操纵着大臣和民众的生杀权。上篇中"矧予制乃短长之命"即盘庚直接对大臣说"何况我还掌握着你们的生杀大权"。中篇对民众的告诫有"乃有不吉不迪，颠越不恭，暂遇奸宄，我乃劓殄灭之，无遗育，无俾易种于兹新邑！"这些话都毫不掩饰地宣扬着一种赤裸裸的杀戮。既然商王已经控制了对臣民的奖惩权和生杀权，那么所谓的族权所能起到的作用自然只处于次

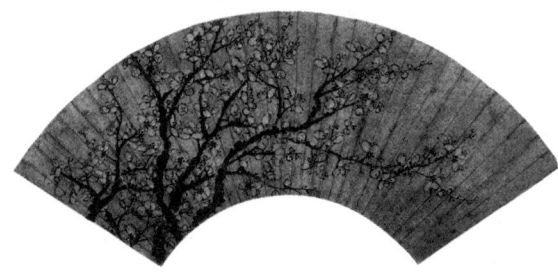

要的地位。只有在政治风气好的商王执政期间,才会更广泛地考虑族众的意见,并使族权的参政作用得以发挥。盘庚对神权的部分控制在篇中体现在"肆予冲人,非废厥谋,吊由灵各。非敢违卜,用宏兹贲"。因为在这里可以看出卜兆是由商王向全体民众发布的,也就是说不管卜兆的最终结果为何,商王掌握着发布权——也就是说,即便他不能按自己的意愿来公布占卜结果,但最起码也有一定的选择权。他可以发布对自己有利的结果,而掩盖不利的。当然,从神权在商人社会生活中所占的地位来看,此时商王不可能完全控制神权。从卜辞材料看,武丁时期直到廪辛,贞人的地位还是很高的,而且占卜的地位极为重要,占卜范围极广,包括任免、征伐、田猎、祭祀、田地垦殖、年成丰歉、王的行止祸福等等。从商人此时的宗教观来看,神权还占据着王权不可替代的地位。王权一直处于与神权的相互利用与不断斗争中,直到商代后期才完全控制神权(这种控制指掌握和利用占卜)。这一趋势在甲骨卜辞中也有明显的表现。早期甲骨中所见贞人名极多,已经考知的有一百多位,著名的有二三十位。而

盘庚迁都

晚期则多无贞人名。而且根据卜辞显示,商王多为发布占辞者,即卜辞中的"王占曰"。这应是后期商王控制占卜(即神权)的具体表现。

(二) 用王权来削弱贵族力量,改善平民处境,缓和阶级矛盾,巩固统治

盘庚在发布迁都令时的语气纯粹是命令和威吓而绝不是商议,具有绝对的不容否定性。盘庚一度告诫民众"今予告汝不易",即表示商王的决定不容置疑,并要求民众做好迁都准备。在上篇中要求官吏"各长于厥居,勉出乃力,听予一人之作猷"。要官吏民众听从他的安排,服从他个人的意志,并且威胁如果不听从的话就要遭到镇压,下令不准再有反对意见,盘庚这样做的目的之一,便在于借迁都以削弱大贵族在政治经济上的权力,从统治阶级的整体利益出发,协调阶级矛盾,缓和日益尖锐的矛盾冲突,以便巩固统治,稳定国内局势。对于平民与贵族之间日益加剧的矛盾冲突,盘庚十分清楚。大贵族骄奢淫逸,为

追求奢华生活，残酷剥削人民，导致广大人民生活条件恶化，无法安居。而解决这一问题只有靠具有专制性的王权，从整个商王朝利益的角度出发进行调节。文中盘庚不断地告诫贵族要照顾民众利益，不要过分地聚敛财富，施实德于民，"汝无侮老成人，无弱孤有幼"，这是其调解冲突的具体体现。由此可见，到盘庚时期，王权已经在很大程度上得到了加强，并且在整个迁都过程中起到了极为重要的作用。此时王权的加强对于稳定社会秩序、巩固商王朝对内对外的统治都起着不可忽视的作用，并在一定程度上促进了生产力的发展和社会的进步。

(三) 王权的全面加强波及全社会

盘庚时期，商朝王权的加强不仅体现在政治统治的加强上，还波及社会的各个层面。王权是国家的标志，是一个宽泛的概念，它的范围并非局限于政治，还包括经济、文化、思想、宗教、社会生产管理等等。盘庚迁都过程中不仅有王权政治功能的体现，也有其经济功能的体现，即对社会生产的管理。因为当时的商王其实起到了生产的组织者和指挥者的作用，而他所代表的王权其中一项重要职能便是组织社会生产，发展社会经济。商王对社会生产十分关注。盘庚之后，即商代中后期，王权对社会生产进行管理的功能更是得到了进一步加强，这一点在甲骨卜辞中有着极为明显的体现。卜辞中有大量内容是与社会生产有关的，其中包含商王直接干预农业生产活动、组织生产的；此外还有许多有关田猎和畜牧的卜辞。从这些卜辞记载来看，商王对社会生产是极为重视的，甚至直接干预各种生产。因为社会生产的发展和经济的繁荣是王权得以存在的基础和根本，如果王权忽视这一功能，必然会动摇，甚至不复存在。

盘庚时期王权的加强，使得盘庚迁殷以后的商出现了兴盛局面。《史记·殷本纪》记载，盘庚迁殷不久，商朝就出现了"百姓由宁，殷道复兴，诸侯来朝"的大好局面。《竹书纪年》也说商朝从此结束"不常厥邑"的时代，"自盘庚迁殷，至纣之灭，二百七十三年，更不徙都"，为后来武丁时期的中兴局面打下了坚实的基础。

从上述分析可知,盘庚时期即商中期的王权已发展到了一个新的阶段,有自己的独特之处。王权得到了极大的加强,基本控制了族权,部分地控制神权,并促进了社会生产的发展。此时,王权极强的专制性特征,使其明显区别于商前期受族权和神权制约的状况。从实质上看,王权的强大与王族势力的强盛有着密切关系。在商建立之初,由于距离氏族社会不远,原始氏族血缘关系中的民主制遗存,在一定程度上仍有影响力。再者汤能灭夏,得益于与其他部落和氏族的联盟,正是靠着这一强大联盟的力量才能获得最高统治权。因此,此联盟中其他方国、部落、氏族力量的强大,也使得商王不得不考虑他们的意志,让这些部落的代表在朝中身居高位,把持朝政。如其中最有名的伊尹,他是有莘氏的首领,而有莘氏是早期商方国联盟的核心部族。伊尹协助商汤灭夏,并且执掌国政。《墨子·尚贤》中有汤使伊尹"接天下之政,治天下之民""汤得而举之,立为三公"的记载。《韩非子·说难》谓"伊尹为宰"。《吕氏春秋·尊师》称伊尹为"汤师小臣"。汤死后,伊尹的影响更大,《史记·殷本纪》记载"伊尹乃立太丁之子太甲……乱德,于是伊尹放之于桐宫……",伊尹拥有选立和赏罚商王之权,足可以看出其在政治上的巨大影响。此外,据《尚书·君奭》载,"在太甲时,则有若保衡。在太戊时,则有若伊陟、臣扈,格于上帝。巫咸乂王家。在祖乙时,则有若巫贤"。这些重臣多为部族和方国首领,之所以能够地位显赫,皆因他们所在的部族和方国拥有强大的政治、经济力量,在商联盟中占据重要地位,从而使商王投鼠忌器,不得为所欲为。但随着商族取得统治地位,并利用这一有利条件,使本族的政治、经济、军事力量得以迅速发展强大,同时作为商民族最高代表的王及其权力必然会随之加强。与之相反的是族权的衰落。王族的强大必然会控制和压制其他部族和方国,使其逐渐地融合于商族,而代表其利益的氏族贵族的权力也日益成为王权的附庸,受制于王权。到盘庚时期,商王控制贵族和民众的生杀权、奖惩权已充分表明了这一趋势。而此时王权对神权的部分控制,把与神沟通的权力部分地收归到商王自己手中,不至于使贞人集团完全控制此特权。在商代社会生产力水平仍然比较低的情况下,人们对许多自然现象无法解释,世界在他们眼中仍有着极强的神秘性。从甲骨卜辞看,商人的

占卜范围极广,几乎大小事情都要占卜,这说明他们对于人力无法控制的世事、天象极为好奇,从心灵深处真正相信冥冥中有神灵在左右人世间的一切,这种对自然、世事及不可知力量的恐惧注定了神权在商代的重要地位,它不会轻易就成为统治者用以恐吓和镇压百姓的工具。当时与神灵沟通的途径便是占卜。占卜在本质上反映出人对神灵的迷信以及对自身能力的怀疑,这是人类与自然斗争的初级阶段所广泛存在的现象,人们认为占卜体现出的是神灵的意志,出于内心的恐惧和对神灵的崇拜,一般是不会违背占卜所显示的结果的。另外占卜不是人人都可以进行的,卜兆所显示的吉凶也不是任何人都看得懂的。因为从后世《易经》中的各种卦相看,每一种卦相所显示的吉凶之意应是在经过多次事实检验的基础上所得出的一些具有些许规律性的东西。卜兆应与此有相同之理,即卜兆本身的含义要经过长期检验才可以得知。退一步说,即便没有概率成分在内,完全由贞人靠灼烧不同的地方获得不同的卜兆,那么卜兆的含义及操作也需要经过专门的学习。如果贞人集团完全控制占卜过程,国君对此一无所知,且不能有效地控制贞人,出于对神灵的迷信和崇拜,他只能按贞人传达的占卜含义来行事。可是一但王权发展到一定程度,王亲自进行占卜,或控制贞人,他可以遵循卜兆行事,也可以按自己的意志来解释卜兆,因为此时只有商王自己才懂得卜兆含义。这时才能表明王权完全控制占卜所体现的神意(即神权)。到盘庚时期,商王掌握了发布卜辞的权利,说明已经控制了部分占卜权。到商后期,商王亲自进行占卜,且占卜事件多为有关商王个人的事,对整个国家大事的占卜少多了,占卜次数和贞人数量也大大减少。到武乙时,武乙射天藐视天神,一定程度上反映了人们对于神灵的迷信已有所削减,而占卜所体现的神意在商人生活中也逐渐衰退。这一关系的实质是人们对自然的征服,

其决定性因素是生产力的发展和人们征服自然的进程。只有当生产力发展到一定程度,人们对社会的认知达到一定高度,王权才能最终控制神权,并自发地利用它来维护统治。这一过程应基本完成于商代后期。

五、盘庚迁都的历史意义

迁都之后，盘庚执行比较开明的政策，人民安居乐业，文化发展，社会富足繁荣，商王期从此步入中兴。此后的二百七十多年里，商的都城一直在这里，因此，商朝也被称为殷朝、殷商。历史事实完全证实了这一点。盘庚迁殷后，杜绝了"九世之乱"一类事件的再度发生，保证了王位由一个家族世袭，因而一直到商末，也未出现过因争夺王位而引起的斗争。正是由于王室内部政治纠纷的解决，商王能够加强其内政武功方面的统治，社会生产有了显著的发展。盘庚迁都后，通过人民的辛勤劳动，

使殷发展成为一个十分繁荣的都市，盘庚迁殷使商朝得以复兴，商王朝在政治、经济各方面都有所发展。不久之后，商朝进入最强盛时期，成为当时世界上的文明大国。

（一）稳定的政治环境促进了商朝社会经济发展

商人从一开始就是以农业为主的民族，商汤曾派亳人帮助葛人种地。甲骨卜辞中多次见到"其受年"的问语，反映了商朝统治者对农业的重视。盘庚迁都后，农业依然是商代最重要的社会生产部门。商朝的土地归王所有，商王分赐一部分土地给其他奴隶主作"封邑"，供臣下享用。商王自己直接掌握着许多土地作为王室的田庄，役使大批奴隶，并征发很多平民从事大规模的集体劳动。农业生产中采用的制度是井田制，井田即由比较规整的沟渠灌溉系统把土地大体划分成方块田，在甲骨卜辞中刻写成田、囲等形。这些象形字是对当时井田制的客观反映。井田中的每一块都代表着一定的面积，是便于管理奴隶在田间耕作的基本单位。由于灌溉技术的发展，井田制有助于提高土地利用率和农作物的产量，也利于抛荒休耕的管理。农业经济的主要生产方式是较大规模的奴隶集体劳动。自由民虽然人数不少，但由于受到

土地、农具的限制，又要随时服从国家的调遣与征发，并且无力抗拒自然灾害的袭击，所以分散的、小规模的私田经营收获很少，生产力相当低下。石器和骨角器制作技术的提高，使农业生产工具种类和数量都得以显著增加。在此基础上，耕作技术也得到了逐步的改进。但商朝前期的耕作技术还比较粗放，处于粗耕农业的第一阶段，即一块土地连续耕种几年后便抛荒休耕，等若干年后再重新耕种这块土地。如果一个地区的土地都已轮流耕种过，地力已表现出耗竭的迹象，就需要进行一定规模的迁徙。这种农业生产方式也是盘庚之前多次迁都的重要原因。盘庚迁殷后，开始懂得轮流休耕方法，一块土地耕种一年，然后休耕一至二年以保持地力，再继续耕种。从此粗耕农业进入了一个新阶段，从定都到殷开始，人们得以有较长的时间不必大规模地迁徙了。

从考古发现及甲骨文、金文的记述看，商代的粮食种类主要有粟（小米）、黍（黏黄米）、稷（黄米）、麦、稻等，此外还种植较多的桑、麻和一些瓜果蔬菜。粮食产量的增加，使大量的酿酒成为可能，这就使得在龙山文化时期出现的饮酒风气，成为商代奴隶主贵族乐于享受的盛事。许多商代的遗址都曾出土各种各样的酒器。由于农业生产的收获直接关系到国家经济的发展和王室财富的盈亏，所以商王和贵族集团都十分重视农业。甲骨文中经常记载商王和宗室贵族为农业生产的各个环节而进行占卜、祈祷等活动。各代商王还多次亲自外出巡视，或是传呼臣下督促查看各地农业生产情况。卜辞中多次出现求禾、求黍、求麦、求雨、省黍、观籍、相田的记录，可见农业生产这个重要的部门是受到高度重视的。

随着农业的发展，商朝畜牧业也在家畜饲养的基础上日渐繁盛。马、牛、羊、狗、猪的数量比夏代有了巨大的增长。在各地发现的商代墓葬和遗址中，往往有数量较多的马、牛和羊。商代的黄河流域，人们已经掌握了服牛驾马的技术，王室和贵族成员的墓葬中常见羊、猪、狗作为祭祀时的牺牲，墓葬旁还有规模较大的车马坑。据文献记载，贵族们常宰杀数十头甚至数百头牲畜来祭祀天地、祖宗和神灵。河南辉县琉璃阁商代中、晚期墓群中，40%以上的墓中有殉犬，最多的有三只；殷墟的一些大墓附近都有车马坑，坑内多埋一人二马；安阳西北冈的祭祀坑，埋葬动物最多的是马，也有许多狗、猪、牛、羊和其他动物。在畜牧业比较发达的地区，采集和渔猎作为农业生产的一种补充活动，只是在一些偏僻地区及一定数量的氏族部落存在。

商代的手工业也很发达，手工业在农业经济发展的基础上得到很快发展。陶器制造、青铜器冶铸、丝麻纺织、骨角器制作、玉石雕琢、竹木器和漆器的生产、土木营建技术等等都比夏代有了更大的进步。手工业经济的发展促进了社会的分工，一些新兴的社会力量开始出现。黄河流域青铜文化的高度发达，对周围地区产生了巨大的影响，东部沿海一些经济比较发达地区的先进生产技术在各地得到了广泛传播。商代成为中国奴隶制经济的鼎盛时期。

繁荣的制陶业。商代的制陶业很发达，除大量生产一般的灰陶器外，还生产一些红陶、黑陶和少量精美的白陶。在商代遗址中多次发现质地坚硬细腻、刻纹美观规整的白陶，这些质量上乘的白陶和青铜器同样贵重。殷墟出土的白陶，有壶、簋、瓿、斝、尊、觯、带盖罐和罍等，普遍装饰着乳丁纹、蕉叶纹、云雷纹，十分精美。商代王室的制陶作坊规模很大，也有一些贵族的制陶作坊主要制作商品陶器。在郑州铭功路西侧发掘的一处商代的作坊，有十四座陶窑，清理出大约几十万件陶器的残片，其品种主要是盆、甑之类。这种大规模的、品种单调的生产，不仅是为了满足奴隶主本身的需要，而且有数量相当的陶器是用于出售的商品。在吴城（今江西樟树市）遗址发现的制陶基地里，一些陶窑内堆积着许多釉陶罐、尊和印纹硬陶器皿。这种地域性的土特产品，成为当时交换的重要货物。

东方文化的瑰宝——商代青铜器。商代手工业的发展，最突出的就是青铜器冶铸业所取得的成就。商朝的青铜铸造工艺水平已达到相当纯熟的水平。在各种官营的手工业作坊里，工匠们能制造出各种精美的青铜器皿和实用的生产工具及武器。考古发现的商代青铜作坊，其面积有数万平方米的，也有十余万平方米的。作坊遗址内都出土了为数可观的陶范、坩埚块、木炭、铜锭、铜渣等小件青铜器，以及与铸造有关的其他遗存。这些作坊遗址的发现，说明商王室与诸侯所用的青铜器，主要是当地生产的。陕西汉中地区城固县发现的商代铜器窖藏，出土了四百多件青铜礼器和兵器等，其中四件青铜尊的肩部有三个

盘庚迁都

牛头突饰，最大的高44.5厘米。一件兽面具为牛头形，为其他地区所不见，是当地铸造的极富特色的作品。在河南偃师二里头、郑州二里岗和南关外、郑州北郊紫荆山以及安阳殷墟等地，都发现了商代各个时期的铸铜作坊。这些遗址的发现还表明，当时的青铜冶铸手工业中已经出现了专业技术的分工。殷墟出土的著名的司母戊大方鼎，形制雄伟，高1.37米，重875公斤，是商代后期青铜器的杰作，反映了当时极高的铸造技术水平。殷墟妇好墓出土的五件铜编钟，制作精美，可构成四声音阶序列，铸造工艺的难度很大。这些青铜器的制造，如果没有专业技术的分工是很难想象的。

司母戊方鼎和四羊方尊是商青铜精品。司母戊鼎是中国商代后期（约公元前16世纪—前11世纪）王室祭祀用的青铜方鼎，1939年3月19日在河南省安阳市武官村一家的农地中出土，因其腹部著有"司母戊"三字而得名。这是中国目前已发现的最重的青铜器，该鼎是商王祖庚或祖甲为祭祀其母所铸。司母戊鼎器型高大厚重，又称司母戊大方鼎，重832.84千克，通高133厘米，口长110厘米，宽78厘米，壁厚6厘米。据考证，司母戊鼎应是商王室重器，其造型、纹饰、工艺均达到极高的水平，是商代青铜文化顶峰时期的代表作。

在中国古代的青铜器中，有不少器物以其独特的造型而引人注目，1938年在湖南宁乡县黄村月山出土的四羊方尊造型动静结合，寓雄奇于秀美之间，可谓巧夺天工。这个用于祭祀的礼器，高58.3厘米，重近34.5公斤。四羊方尊是我国现存商代青铜方尊中最大的一件，加上它独一无二的造型，被列入了文物精品的宝库。

商代的青铜器制造业，虽然主要从事兵器和礼器的生产，但同时也制作一些如铜镜、酒器、装饰品等供贵族和平民使用的生活用品。此外，还以青铜制造砍伐、刮削、雕刻等生产劳动中使用的小型工具和斧、锛、凿、刀、锯、锥、钻等手工工具。这些青铜工具的应用，对土地森林的开发，对木器、石器、骨角器等产品的制作起到了积极的作用，是先进生产力的体现，也是促进社会生产发展的重要因素。不过，由于当时青铜器的原料来之不易，冶炼和铸造也要耗费大量人力物力，所以青铜工具的生产还不多，青铜农具则更少。

纺织业也是商代手工业生产中的一项重要内容，与农业经济有直接且密切的关系。农业生产的进步促进了养蚕业和纺织业的发展。甲骨文中已多次发现桑、丝、帛等字样。商代的墓葬中还发现了玉蚕，青铜器上也有蚕的纹饰。由

于纺织品不易保存，所以商代的丝麻织物很难发现实物遗存，但上述情况已清楚表明了当时纺织业发展的程度。在安阳殷墟发掘的一些中小型墓葬中，有一些规模较大、有棺有椁的墓，在棺椁上面常发现有席子或以彩绘的画幔一类织物覆盖的痕迹。河北藁城台西村的商代中晚期遗址中，一些墓葬中的随葬青铜器上粘有纺织品的痕迹，其中有纨、纱、绫罗等。另外，在居住遗址中还发现一些已经断裂的麻布残片，经鉴定可以确认为大麻纤维。这些麻布是平纹组织，与以后西汉时期湖南长沙马王堆墓葬出土的麻布非常接近，可见商代丝麻纺织技术是相当高的，纺织品在社会经济生活中占有越来越重要的地位。

骨器制作，与石器制造一样，是人类最古老的一种手工业劳动。在金属工具和器物还很稀少的商代，制骨业比夏代以前更为发达。规模较大的制骨作坊，成为奴隶集中劳动的重要部门，工艺技术已达到十分成熟的地步。郑州商代遗址一座房基旁的窖穴中出土了不少骨料、骨制品和磨制加工骨器的砺石等遗物。骨料上都带有锯割的痕迹，骨制品主要是镞、簪的半成品和成品。引人注目的是，在出土的骨料中除了牛、鹿等动物的肢骨外，人的肢骨占了总数的一半。这个现象表明，商代的奴隶制度还是很严酷的，人牲、人殉和以人骨为制器原料，都证明了奴隶命运的悲惨。

商朝的玉器制造业也有了较大的发展。玉器制造充分吸收各地的先进经验，特别是东部沿海地区良渚文化的工艺技术逐步发展起来。因此，中原一带发现的商代玉器，往往带有东部一些部族传统的特点。商代早期的河南偃师二里头遗址，历年来出土了许多玉器，有圭、戈、刀、铲、板、柄形器等，造型与纹饰的设计合理美观，雕琢的线条清晰流畅，工艺相当精巧，同新石器时代晚期和夏代的玉器相比，技术有了明显的进步。商中期以后，玉器大量增加，郑州商城、湖北黄陂盘龙城、北京平谷刘家河商墓等都出土过精美的玉器。到商代晚期的殷墟，出土的玉器数量最多，形制最多，工艺最精美。其中妇好墓出土玉器达七百多件，这些玉器形制规矩匀称，花纹线条流畅，制作难度很大。妇

好墓中还出土了十多件玉雕人像和人头像,运用写实手法,把不同阶层、不同性别的人物及其服饰、发饰都作了细腻的刻画,不仅具有一定艺术价值,而且对研究人种及其社会生活也有重要的参考意义。

在农业和手工业生产发展的基础上,在各个生产部门内部分工日趋巩固并日益复杂的情况下,商代的商业也得到了一定程度的发展。在周灭商后,据说在殷民中有一部分人是"肇牵车牛远服贾,用孝养厥父母"。这些人就是从事长途贩运贸易活动的商贾。在殷都和其他重要城邑的贵族们,他们在日常生活中所需用的一些比较珍贵的物品,如龟、贝、玉、珠宝、青铜、皮毛、齿革、丝帛等等,除在专有作坊役使奴隶自行生产之外,还有许多必须来自外地。其中有一部分由各地贡献,也有不少是通过交换而得来的商品。这些商品,主要就是由一些专业的商贾来贩运的,这样就促进了商业的发展。

(二) 为商朝科学、文化、艺术的发展提供前提

在商代甲骨卜辞中保存着当时的历法《殷历》,它在夏历的基础上已趋于完备。商人已会观察天象来定历法。在甲骨卜辞中已有关于日蚀、月蚀和星辰的记载,这是世界上最早的天文学的宝贵资料。由于农业生产的需要,商代已经有了比较完备的历法。从甲骨卜辞的记录可以看出,当时月有大小,大月三十天,小月二十九天,一年为十二月,因十二个大小月加起来只有354或355天,所以采用闰月来调整一年的天数,使一年中的四季变化能保持在一定的时间内。这个闰月,在早期卜辞中是放在置闰那一年最后的一个月,即十二月之后,所以叫"十三月"。这在历法上叫作"年终置闰"法。在晚期的卜辞中,闰月就放在应置闰那一年的某一月,如闰五月,那年当中就有两个五月,这在历法上叫作"年中置闰"法。这种历法,既不是根据太阳运动所测得的一年为基础的阳历,也不是以月亮圆缺为一个记日周期、即朔望月为基础的纯阴历,而是"以闰(月)定四为成岁"的阴阳合历。

出于农业生产的需要,当然也有可能在商代只有春种、秋收两段时间的划分,所以就用春秋二字来代表一年的时间。商代的记

日方法是用十个天干和十二个地支字相配合来表示,即从甲配子(甲子)到癸配亥(癸亥),配完刚好是六十个。甲骨文中有一些干支表,不是卜辞,而是备用的"历书",可能是当时的史官在占卜时刻查日期用的。用干支来记日的方法在商代以前就已经有了,在我国一直使用到近代。

商朝科学文化也取得很大成就。数学:商代甲骨文中有大至三万的数字,明确的十进制,奇数、偶数和倍数的概念,有了初步的计算能力。光学知识在很早就得到应用,商代出土的微凸面镜,能在较小的镜面上照出整个人面。

艺术方面,自商代起,中国音乐进入了信史时代。民间的音乐和宫廷的音乐,都有长足的进步。由于农、牧、手工业的发展,青铜冶铸达到了很高的水平,从而使乐器的制作水平得以飞跃,大量精美豪华的乐器出现了。乐舞是宫廷音乐的主要形式。可考证的有《桑林》《大濩》,相传为商汤的乐舞,为大臣伊尹所作。从事音乐专业工作的,主要有"巫"、音乐奴隶和"瞽"三种人。有关商朝民间音乐的材料很少,《周易·归妹上六》和《周易·屯六二》就是商代民歌的代表。商代甲骨文兼有象形、会意、形声、假借、指事等多种造字方法,已经是成熟的文字。在出土的甲骨卜辞中,总共发现有四千六百七十二字,学者认识的已有一千零七十二字。甲骨文因刻写材料坚硬,故字体为方形。而同时的金文,因系铸造,故字体为圆形。

(三)殷墟与甲骨文

殷墟古称"北蒙",甲骨文卜辞中又称之为"大邑商""商",为中国商代晚期(约公元前1300年—前1046年)的都城所在地,距今已有3300年的历史。殷墟位于今河南安阳小屯村及其周围,地处河南省安阳市洹水两岸,是中国第一个有文献记载并为甲骨文和考古发掘所证实的商代都城遗址。商代从盘庚到帝辛(纣),在此建都达273年,是中国历史上可以肯定确切位置的最早的都城。1899年在此发现占卜用的甲骨刻辞。从1928年10月13日考古发掘至今,先后发现宫殿、作坊、陵墓等遗迹以及大量生产工具、生活用具、礼乐器和甲骨等遗物，总面积24平方公里以上。现存有宫殿宗庙区、王陵区和众多族邑聚落遗址、家族墓地群、甲骨窖穴、铸铜遗址、制玉作坊、制骨作坊等众多遗迹，以殷墟为都城的商代晚期，疆域广阔，政治、经济、军事、科技、文化空前发达，开创了中国历史的新纪元，成为中国古代文明的典范之一。殷墟以独具风格、规模巨大、规划严饬的宫殿建筑和商王陵墓体现出恢弘的都城气派而卓绝一时；以制作精美、纹饰细腻、应用广泛的青铜器而闻名中外；以青铜冶铸、玉器制作、制车、制骨、陶器、原始瓷器烧造等高度发达的手工业而享誉世界；以造字方法成熟、表现内容丰富、传承有序的甲骨文而在世界文明史上独领风骚。殷墟丰富的文化遗存从各个方面反映出中国古代高度发达的青铜文明，是华夏先民对人类社会发展作出的突出贡献。因此，一个世纪以来在殷墟的发现和发掘，不仅使它成为中国近现代考古学的摇篮，全面、系统地展现出3300年前中国商代都城的风貌，而且为湮灭了3300年的殷商文化提供了一种独有的、历史的和科学的见证。从1928年由中国学术机构独立主持考古发掘开始，在殷墟先后发现了一百一十多座商代宫殿宗庙建筑基址、十二座王陵大墓、洹北商城遗址、两千五百多座祭祀坑和众多的族邑聚落遗址、家族墓地群、手工业作坊遗址、甲骨窖穴等，出土了数量惊人的甲骨文、青铜器、玉器、陶器、骨器等精美文物，为这一重要的历史阶段提供了坚实证据。现在我们可以从殷墟遗址的考古发现中来推想当时的繁荣景象。商代的青铜器冶炼、铸造工艺达到了新的技术高度，青铜器的制作范围也扩大了。殷都附近就有一个很大的青铜器作坊，有上千人在作坊里劳动。他们用铜、锡、铅三种金属做原料，冶炼铸造了成千上万件斧、戈、矛、刀等武器，鼎、爵、瓢、壶、盘、盂等饮食器皿，斧、凿、钻、铲等工具。许多青铜器造型十分优美，花纹图案十分精巧，达到了非常高的艺术水平，形成了后来著称于世的青铜器文化。殷墟在中华文明乃至人类文明中具有独特贡献和地位，是人类文明史上不可或缺、辉煌壮美、璀璨绚丽的一页。在殷墟遗址中，还有目前我国已经发现的最古的文字——甲骨文。

甲骨文主要指殷墟甲骨文，又称为"殷墟文字""殷契"，是殷商时代刻在龟甲兽骨

上的文字。19世纪末期在殷代都城遗址即今河南安阳小屯被发现,继承了陶文的造字方法,是中国商代后期(公元前14—前11世纪)王室用于占卜记事而刻(或写)在龟甲和兽骨上的文字。殷商灭亡周朝兴起之后,甲骨文还延绵使用了一段时期。它是中国已发现的古代文字中体系较为完整的文字。甲骨文于1898年为古董商、金
石学家所识别,之后在殷墟(河南安阳小屯村)大规模挖掘,有大量的龟甲兽骨出土,加上别地的零星采集,至今已收集十几万片,其中单篇文章最长者达百余字,可以从中看出应用文的雏形。

甲骨文是中国的一种古代文字,被认为是现代汉字的早期形式,也被认为是汉字的书体之一,是现存中国最古老的一种成熟文字。甲骨文又称契文、龟甲文或龟甲兽骨文,是一种很重要的古汉字资料。绝大部分甲骨文都发现于殷墟。这些甲骨基本上都是商王朝统治者的占卜纪录。商代统治者非常迷信,例如十天之内会不会有灾祸,天会不会下雨,农作物是不是有好收成,打仗能不能胜利,应该对哪些鬼神进行哪些祭祀,甚至于生育、疾病、做梦等等事情都要进行占卜,以了解鬼神的意志和事情的吉凶。所以从甲骨文的内容可以隐约了解商朝人的生活情形,也可以得知商朝历史发展的状况。目前发现有大约十五万片甲骨,四千五百多个单字。

(四) 奠定了华夏历史的基础

盘庚迁都后,商朝进入了稳定的历史发展时期,是我国奴隶制国家的发展和巩固阶段。在疆土方面,商朝疆域远远超过了夏代。疆域面积达320万平方公里,北到辽宁,南到湖北,西到陕西,东到海滨。除了包括夏所属长江以北的湖北、河南、安徽、山东、河北、山西、京津和江苏、陕西的一部分,还包括陕西江苏的剩余土地,辽宁、甘肃、湖南、浙江、四川的一部分。商朝凭借自己正统的地位和强大的武装,采取分封、册命和武力征服的手段,不断地扩大自己的势力范围,初步奠定了中华民族的活动疆域,密切了同周边各少数民族的关系，为统一的多民族国家的形成打下了基础。

在经济上，生产工具从骨器、蚌器、石器发展到铸造完美的青铜器；农业生产得到较大的发展，从仅有少量的剩余到"千斯仓""千斯箱"的储备；商品经济也有了较大的发展，形成以都邑为中心的商品生产和交换市场及比较统一的货币，使社会生活有了较大的发展；在政治上，确立了以君主为核心的王权专制，在父系大家族的基础上，以宗法制度为主体，按照亲疏远近，从王国到诸侯国，按地区建立起层层的政权机构，并划分明确的等级，由大大小小的奴隶主世代相袭地把持各级政权，这种宗法和等级制度长期影响着中国古代社会。

在思想领域，形成宗教神学思想体系，将天说成是自然与社会的主宰，以证明王权神授，论证自己的统治是合理的和神圣不可侵犯的，并且利用宗教观念来配合暴力统治；同时，根据宗教祭祀仪式演化出"礼"，作为制度、思想、行为的规范，逐步发展成为一套以维护宗法等级制度为核心的礼制，深刻地影响了中国古代社会的发展。

在行政管理上，国家行政管理体系不断完善，形成以王为首、分封诸侯的贵族政体；建立了一套以中央为内服官（在王国直接统治区内为王室服务的官）、以地方为外服官（在王国直接统治区外分封的诸侯和为诸侯服务的官）的内外服官体系；建立起适合奴隶制国家特点的，有关培养、选拔、任免、爵命等级和退休养老等方面的官员管理制度。

商朝中晚期的政治演变、经济发展、文化的形成对于我国民族的形成和发展以及后代的发展变化都有着重大而深远的影响。商连同夏和周两朝是汉族先民奠定和形成时期，兼容不同民族文化，融合周边民族文化，不断壮大华夏和华夏民族文化，这一举世无双的汉民族融合其他民族、不断发展壮大的模式，可以说是中华民族历史经久不衰、人口不断壮大、文化长期昌盛的根本原因。

王莽改制

　　王莽是汉元帝皇后王政君的侄子,自步入政坛后,便不择手段地猎取美名、攫取权力。公元8年,王莽代汉自立,建新朝。他依照周朝的制度推行新政:屡次改变币制,更改官制与官名,重划行政区,设置了严密的监察制度,恢复井田制,实行五均六管等等。加之不断挑起与匈奴的战争,赋役繁重,行政苛暴,灾民遍野。各地农民奋起反抗,公元23年,王莽为起义军所杀,新朝灭亡。

一、显赫出身

汉元帝初元四年（公元前45年），刚刚即位四年的汉元帝举行了声势浩大的祭天大典和祭祀地神后土的仪式，用以证明他是一个慈悲为怀、敬天子民的好皇帝，以便得到天地神灵的保佑。

但是，在这一年，宫廷史官漏记了一件头等大事，那就是王莽的降生。不过，谁又会想到，这个毫不起眼的小生灵，竟在以后西汉帝国的政治舞台上，大书特书了一段极其精彩的历史篇章呢？作为第一个用"篡弑"而不是以流血的方式登上皇位的帝王，王莽是如何一步步掌控大权篡汉称帝的呢？这还要从他的出身说起。

（一）王氏家族

王氏家族是一个古老而又显赫的家族，它的历史可以追溯到春秋时期的田齐王族。王莽称帝后，曾追述自己的世系。

他说：黄帝姓姚氏，八世生虞舜，舜起妫汭，以妫为姓。至周武王封舜后妫满于陈，是为胡公，十三世生完。完子敬重，奔齐。齐桓公以为卿，姓田氏。十一世，田和有齐国，世称王，至王建为秦所灭。项羽起，封建孙安为济北王。至汉兴，安失国，齐人谓之"王家"，因以为氏。

在这里，王莽列出王氏是齐国田氏后裔这一点没有疑义，但田氏之前的那个虚无缥缈的世系就没有多少真实的历史依据了。王莽之所以把传说与真实的世系捏合在一起，就是为了给自己篡汉找到一个神圣的依据。刘邦曾自诩为尧的后代，那么，按照"五德终始"和"三统""三正"的理论，王莽作为舜的后代，取代尧后的刘氏皇朝就是命中注定、天理昭然的事了。

王莽的姑姑是汉元帝的皇后王政君。在汉元帝还是皇太子的时候，王政君有幸为皇

家生下了嫡皇孙刘骜（后来的汉成帝）。汉元帝即位后，封刘骜为皇太子，王政君被封为皇后，其父王禁被授"特进"（授列侯中有特殊地位的人的一种加衔）的荣耀职位，连王禁的弟弟王弘也被任为长乐卫尉（长乐宫的卫戍司令）。王家开始得道。

竟宁一年（公元前33年）汉元帝驾崩，太子刘骜即位，史称汉成帝。王政君被尊为皇太后，王氏外戚迅速勃兴，成帝封舅父王凤为大司马、大将军，领尚书事；封舅父王崇为安成侯，其他几位舅父王谭、王商、王根、王逢时为关内侯。王家"家凡九侯，五大司马"，垄断了西汉帝国的最高权力，声势显赫，不可一世。

（二）贵族寒士

王氏一族倚仗太后王政君的势力，享受荣华富贵，并且奢侈浪费，为非作歹。但是王莽的父亲王曼死得早，没有受封，因此，与王氏其他子孙相比，王莽显得很寒酸。少年时代的王莽与寡居的母亲过着节俭的生活。

王莽所在的时代，"罢黜百家，独尊儒术"的文化政策已深入人心，知识界和政界都是儒家一统天下的局面。在这种氛围中，王莽致力于研究"经学"，并且曾向陈参学习《礼经》。他勤奋好学，对儒学的研究达到了较高的水平。他与同时代的许多儒生建立了良好的关系，这些儒生在后来他代汉称帝时，成为了一支重要的拥戴力量。而他在制订新朝政策时，也能娴熟地运用儒家经典，可见儒学修养给了他很大的帮助。

王莽为人谨慎谦虚，还尽心侍候母亲和寡嫂，养育长兄遗孤。在一群浪荡的王氏纨绔子弟中，王莽显得安分守己，受到王商、王谭的称颂。成帝阳朔三年（公元前22年），大将军王凤病倒了，王莽以子侄的身份守候在病榻旁，亲侍汤药，寸步不离。这让王凤十分感动，临终前，他向成帝推荐王莽。王凤去世后，皇太后封王莽为黄门郎，不久又迁射声校尉，这一官职是武帝设立的八校尉之一，秩为二千石。而这一年，王莽只有24岁。

由此，王莽踏上了角逐权力的道路。

二、宦海沉浮

王莽已飞升到权力中心,但是耀眼的权力光环却掩盖着血雨腥风,暗藏着层层杀机。

(一) 步入政坛

二千石的射声校尉,相当于地方大吏郡太守的级别,很多人在官场奋斗一辈子也无法达到这个高度,而王莽一个二十多岁的年轻人就升到如此高的地位,这在汉朝历史上是不多见的。王莽知道自己迅速飞升的原因,因此,他在登上最高位之前,依然小心翼翼,外交儒生、名士,内侍姑母、叔父,在自己的官途上稳步前进。

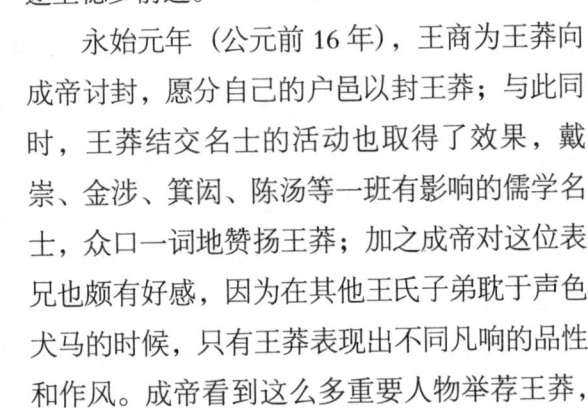

永始元年(公元前16年),王商为王莽向成帝讨封,愿分自己的户邑以封王莽;与此同时,王莽结交名士的活动也取得了效果,戴崇、金涉、箕闳、陈汤等一班有影响的儒学名士,众口一词地赞扬王莽;加之成帝对这位表兄也颇有好感,因为在其他王氏子弟耽于声色犬马的时候,只有王莽表现出不同凡响的品性和作风。成帝看到这么多重要人物举荐王莽,于是下令封王莽为新都侯,同时又晋升他为骑都尉、光禄大夫、侍中。由此,王莽跻身为中朝官,成了具有相当影响和权力的大臣。

但是,王莽并没有沾沾自喜,他不仅更细致周到地为皇帝服务,竭尽全力地服侍叔父们,而且"节操愈谦""家无所余"地结交将相卿大夫。他通过这些举措收到了意料之中的效果:在朝的王氏党徒纷纷举荐王莽,称其"才大可用";在野的儒学名士也一齐赞扬王莽为"世之楷模"。王莽在朝野所获得的声望,不仅超过了那些醉生梦死的王氏兄弟们,甚至也盖过了那些大权在握的叔父们。

这次的升迁对于王莽来说，不过是他政治生涯中的一个阶梯而已。他的目标远远不止于此。

（二） 棋逢对手

王莽的声誉与日俱增，大司马大将军的官位也一天天地向他靠近。

绥和元年（公元前8年），正做着大司马大将军的王根处在重病之中，数次上疏"乞骸骨"，要求离职养病。许久以来就对大司马大将军这个汉朝政权中最高的官位垂涎三尺的王莽，此时却显得寝食不安。

王根病退后，这个位置一定会由王氏外戚中的人担任。王莽环顾左右，在王氏宗族里，他那些终日追逐声色犬马的兄弟们是无法与自己竞争的，因此能够继王根而为大司马大将军的，只有他是最合适的人选。但这时偏偏有个淳于长挡在他的面前。王莽心里明白，淳于长不仅是自己的竞争者，而且有可能成为获胜者，所以他必须除掉淳于长。

淳于长，字子儒，魏郡元城（今河北大名东）人，是王政君姐姐王君侠的儿子。少年时因与元后关系密切，差不多与王莽同时做了黄门郎。王凤去世后，淳于长又被任命为校尉诸曹，接着升为水衡都尉侍中，很快又晋升卫尉。这时淳于长的官位和权势已经超过了王莽。

也正是在这时，淳于长利用自己与元后的关系，说服了元后，立成帝的宠姬赵飞燕为皇后。成帝因此对淳于长十分感激，赐爵关内侯，食邑千户，后又被封为定陵侯。此后，淳于长开始胡作非为，还曾与成帝的废后许皇后发生过纠葛。

不幸的是，淳于长为非作歹的事都被王莽一一记下了。

王莽对王根采取了与当年对待王凤一样的措施，即在王根的病榻前侍奉，其尽心和忠诚，超过了王根的亲儿子。并且他利用这个机会，向王根进谗，说淳于长见到王根病重十分高兴，认定自己将要取代大将军的位置，王莽还将淳于长的丑行大肆渲染，王根听了很生气，指示王莽向太后报告淳于长的问题。可怜一直在骄奢淫逸中等待大将军职位的淳于长，就这样被免去了官职。

淳于长为了改善自己的境遇,对他的舅舅、红阳侯王立大搞贿赂,央求王立为自己说情,以便让成帝收回成命。谁知这一行动又被成帝发觉了,在王莽的积极煽动下,淳于长终于被送上了断头台。红阳侯王立也被赶到自己的封地去闭门思过。

在这场争夺大司马大将军位置的斗争中,王莽初施谋略,便痛快淋漓地击败了唯一的竞争者,在38岁的时候,就"拔出同列,继四父而辅政",登上了大司马大将军的宝座,在他的政治生涯中,迈出了具有决定意义的一步。

(三) 被谪江湖

王莽虽然做了大司马大将军,但是他并没有心满意足。他的当务之急,是使自己已经远播朝野的声名再上一层楼。因此,他并不因官高位尊而盛气凌人,而是广泛网罗有识之士,千方百计地收买人心,扩大政治影响,拉拢和积聚自己的力量,增强统治基础。

在王莽当了大司马大将军一年之后,即绥和二年(公元前7年),汉成帝病死,年仅45岁。因其无子,定陶共王刘康的儿子刘欣于同年四月被推上帝位,即汉哀帝。这一事件使王莽的政治生涯发生了巨大的波折。

随着新皇帝的登基,哀帝外戚大量地涌进朝廷,因而与王氏外戚争权夺利的矛盾就逐渐尖锐起来。哀帝即位后不久,在未央宫举行的一次盛宴上,王莽坚决反对定陶太后与元后并肩而坐。因为定陶太后在名分上是藩妾,不能与至尊并列。定陶太后看到自己坐不到上位,大骂王莽,拒绝出席。面对这一尴尬局面,王莽上书"乞骸骨",向哀帝示威。哀帝迫于定陶太后的压力,更重要的是对这个位高权重的王莽感到厌恶,于是就顺水推舟,给王莽一些虚假的名誉后,就让他在京闲居,两年后,又借故将其遣送到自己的封地南阳。

随着王莽的去职,不少王氏党羽也纷纷被调离重要岗位或罢官去职,一些与王莽关系密切的人也见风使舵,投到了哀帝一方。王氏外戚在朝廷的势力被大大削弱了。

在这一回合的争斗中,哀帝利用专制皇帝至

高无上的权力，使王莽遭到了连他自己都意想不到的失败。

被迫谪居南阳，这对在仕途上一路顺风的王莽当然是不小的打击。但是，王莽比任何人都明白：哀帝及其左右可以利用皇帝的威严和权力削弱王氏外戚的力量，却无法在短时间内毁掉他们在朝野的社会基础。因此，王莽身居南阳，眼观京师，随时都做好搏击的准备。

以外藩继皇位的刘欣，是一位昏庸无能、愚蠢荒唐的封建帝王。他荒淫无耻、任用非人，造成了政治的昏乱。

谪居南阳的王莽冷眼旁观着西汉朝廷上发生的种种光怪陆离的荒唐事件，看着丞相、大司马走马灯式易人的昏乱政治，不免得意窃笑。实际上，王莽的谪居并不是在冬眠，而是在养精蓄锐。在此期间，他给自己规定的任务是：结交各级官吏，猎取声名，等待时机，东山再起。

王莽在南阳韬光养晦期间，做了两件大事：一是逼子自杀。建平二年（公元前5年），王莽回到南阳封地不久，他的二儿子王获杀死了家中的一个奴婢。这种事情在当时的贵族或是富豪家中是经常发生的，王莽只要稍微谴责儿子，再向官府交点罚款，问题也就解决了。然而，王莽不仅严厉地责骂了儿子，而且命令儿子自杀以偿奴婢之命，把一桩小事变成了引起轰动效应的大事；二是结交名流。王莽刚回到南阳的时候，南阳太守为了与他结交，特地选了儒学名士孔休做王莽的新都郎。王莽并不因孔休职位低微而有丝毫怠慢之意，对孔休毕恭毕敬。

这两件事为王莽赢得了爱惜奴婢、礼贤下士的名声。离开了大司马的高位，不但没有降低他的威望，反而增加了他在官民心中的分量。不久，历史的机遇再次降临到王莽面前。

三、谋权篡汉

元寿元年（公元前 2 年）正月初一，发生日食，周护、宋崇等借此机会向哀帝上书，为王莽大唱赞歌。哀帝迫于舆论压力，只得让王莽重返京师。于是王莽结束了三年的南阳生活，重回政治中心所在地，这使他能够迅速了解国内的政治变化，广泛联络京城内外官员，以便做好准备，随时重返政坛。

（一）重掌大权

元寿二年（公元前 1 年）六月，荒唐而短命的汉哀帝驾崩。哀帝无子，收拾残局的重任又落到了年迈但仍然健康的元后王政君身上。大司马董贤对办理

丧事事宜一无所知，于是元后命王莽协助董贤办理哀帝丧礼，同时，又将兵符、百官奏事及中黄门、期门等卫兵的统帅权交给王莽，实际就是把汉皇朝的军国大权都委托给了王莽。正所谓："其提携刘氏之天下授之王氏，在指顾之间耳。"

王莽重掌朝政后，做的第一件大事就是逼死董贤。王莽以元后的名义劾奏董贤，罢去董贤的大司马之职。董贤知道王莽不会放过自己，罢黜当日就与妻子一起自杀了。罢免董贤后，王莽任大司马，领尚书事，名正言顺地成为了辅政大臣。

王莽做的第二件大事，是立新帝。因哀帝无嗣，元帝的直系重孙辈只有中山孝王的儿子刘衎。元寿二年的七月，刘衎即位，他就是汉平帝，时年 9 岁。因其年幼，元后临朝称制，王莽以大司马大将军的职务专擅了一切。

王莽做的第三件大事，是清除异己。王莽以牵强的罪名迫令成帝皇后赵飞燕和哀帝傅皇后自杀，并把傅、丁两家外戚及其亲族一律赶出京师，去除了一批可能对王莽专权构成障碍的人；同时，王莽还任名儒、孔子嫡孙孔光的女婿甄丰为侍中奉车部尉，作为自己的得力爪牙。凡朝中大臣不为王莽所用者，皆被捏造罪名，"傅致其罪"，或杀或罢，悉加扫除；王莽的叔父王立、王仁这时

只是闲住于京师,王莽也感到他们可能构成自己专权的障碍,就凭空给他们加上一连串罪名,挟持元后下令让他们离开京师回到自己的封地。

哀帝死后,王莽短期之内就做了以上数件大事,从而为他将来代汉打下基础。

第二次登台秉政的王莽,其气势和威严远远超过第一次任大司马时的境况。此时,对王莽的所作所为,几乎没有人敢说半个不字。王莽自己也有些飘飘然了,他认为自己应该有一个与现在的权力相当的名分。于是,他利用董仲舒的"天人感应"论,附会《尚书》记载的越裳氏向周天子献白雉的古例,指示益州官员向朝廷进献白雉、黑雉,以便据此加以发挥,谋取新的名号。

王莽的党徒此时都纷纷向元后上书,一致称颂王莽的功德,请求像周成王封周公那样封王莽为"安汉公"。王莽对此却几次谦让,直到封赏了孔光等人后,王莽才接受了元后对他进行的西汉历史上空前隆重的封赏:

"大司马新都侯莽三世为三公,典周公之职,建万世策,功德为忠臣宗,化流海内,远人慕义,越裳氏重译献白雉。其以召陵、新息二县户二万八千益封莽,复其后嗣,畴其爵邑,封功如萧相国。以莽为太傅,干四辅之事,号曰安汉公……"

这次的封赏,无论在内容上还是形式上都使王莽高升了一步,成为两汉历史上享此殊荣的第一人。王莽一人担汉朝之大任,一身系天下之安危。

王莽得到"安汉公"的封号后,更加不厌其烦地用歌功颂德的办法来讨元后的欢心。他一方面以关心元后的健康为名,悄悄地承袭了元后的权力。王莽首先指使其爪牙上疏元后,说太后至尊,不易操劳过度,元后于是下了一道诏旨,王莽就此把朝廷的选官用人的大权拿到了自己手里。此后,王莽利用这一权力,在中央和地方进一步网罗爪牙,结党营私,一个以王氏外戚为当权核心的局面最终形成了。另一方面,王莽还想方设法为元后博取"爱民"和"节俭"的美名。他先让元后下一个"衣缯衣,颇损膳,以视天下"的诏令,之后,再率群臣向元后上疏,说太后尊贵,要元后保持太后的衣饰和膳食制度。王莽导演的这幕丑剧,取得了一箭双雕的效果:元后"勤俭爱民"的美名倾动朝野,讨元后欢心的目的达到了;王莽"忠孝"的美名再次倾动朝野,他自己沽名钓誉的目的也达到了。

王莽入仕二十多年来,不择手段地猎取美名,换取权力,以便在朝野形成天下非莽莫属的局面。他的一切作为都围绕着篡汉自立这一轴心进行。

(二) 嫁女固权

王莽是在王氏外戚专擅朝政的氛围中发迹的,他自然最清楚其家族以及自己的权力与姑母元后的关系。而在哀帝当政时期他从大司马位子上被赶下台的事,也使他进一步认识到外戚的重要。因此,对于汉平帝选皇后一事,他必须全力干预。

王莽想到了一条长久之计,他要把自己的女儿嫁给皇帝当皇后,以此来巩固自己的权力。

元始二年(公元2年),汉平帝12岁了,考论"五经",12岁正是娶亲的年龄。王莽上书元后,要求候选皇后的女子必须是圣帝、名王、周公、孔子、列侯的后代,这种家庭有限,而且还必须是在长安居住的,是正妻生的适龄女子。这样,可选择的范围就更小了。

实际上,王莽就是按自己女儿的情况提出这些标准的。但是出乎意料的是,很多上报的候选女子是王氏家族的,也都符合要求。

王莽看到许多王氏宗族的女子列名其中,很怕她们与自己的女儿竞争,于是就假意上书元后,说王氏女儿"身亡德,子材下,不宜与众女并采"。元后没有领会王莽的真实意思,就下了一道"王氏女,朕之外家,其勿采"的诏令。当然,王莽的女儿也在排斥之列。

王莽不便明言反对,只得唆使其党徒向元后上书,要求选自己的女儿为皇后。于是所有的人都跑到元后面前,要求以安汉公之女为天下母。这些人之所以把国脉民命系于一个14岁的女孩身上,是因为在这个女孩的背后站着的是掌握了汉朝最高权力的王莽。

当王莽党徒制造的上书雪片般地飞到元后面前时，元后总算明白了王莽的心思。血自然浓于水，她也完全同意选自己娘家的女儿为皇后。

王莽的女儿做平帝皇后已是铁定的事了。这时有许多人为了讨好王莽，开始上书元后，要给王莽加封赏。正当王莽一心等待加赏的时候，发生了使他心惊肉跳的吕宽一案，封赏之事只能搁置了。

平帝即位时只有9岁，但王莽不允许平帝的外戚进京。王莽的长子王宇认为王莽如此对待平帝及其外戚不妥，惧怕一旦平帝长大亲政后会怨恨王莽，危及王氏宗族的安全。于是就派吕宽把鲜血洒在王莽宅第的大门上，以此来恐吓王莽。谁料吕宽办事不利，被守门人发现。王莽知道后十分生气，他再一次"大义灭亲"，把王宇送入监狱，逼他饮药而死；念在王宇妻子有孕在身，先将她关进监狱，待孩子出生再处死；王莽还诛杀了与本案有直接联系的平帝母亲卫后家族，而且把中央到地方的异己都指为吕宽党羽，逮捕治罪。受此案牵连被处死者达数百人，全国为之震惊。

一直以来，王莽虽然生活在自己制造的血雨腥风中，把一批一批的异己送上了断头台，但是，他一刻也没忘记陈崇等人在上书中提出的封赏自己的建议。

元始四年（公元4年）四月，王莽的女儿正式册立为皇后，与此同时，各地官吏和百姓八千多人上书朝廷，要求给王莽以"上公"的封赏。王莽一再辞谢后，向元后要了一颗"宰衡太傅大司马印"。一颗印章虽然只是形式，却是王莽前进道路上的新标志，也是他行使宰衡权力的一个凭据。宰衡这个官职是王莽及其党徒创造的，在此之前的中国历史上从来没有这个官职。宰是主宰，衡是公正，王莽取此官名并任之，就是宣布自己已成为大汉皇朝的主宰，由此也暴露了他欲取而代之的野心。

由于王莽的声名已经远播朝野，他争取"官心"和"民心"的举措招招奏效，他的党徒们再次纷纷上书，为王莽歌功颂德。元始五年（公元5年），元后亲临未央宫，为王莽举行了加九锡的大典。封赏的策文是根据《六艺》《周官》《礼记》等典籍的记载损益而成。这次封赏后，王莽从服饰、冠冕、甲胄、弓矢，到礼器、门卫、属员、车骑、府第等，都一一更新换代。至此，就王莽的气派、排场、威仪和权力来说，只需改个称谓，他就是名副其实的皇帝了。

（三）杀帝摄权

随着汉平帝一天天的长大，王莽发现这个将届成年的小皇帝因为外戚被诛灭而对自己怀有怨心，更具威胁的是，不出四五年，平帝就要亲政，王莽的当权梦就做不成了。为了消除这个隐患，王莽策划了一条毒计。

元始五年十二月腊日，王莽借该日向皇帝供奉椒酒之机，在酒中下了慢性毒药，平帝饮用后，感到不适，卧床不起。

小皇帝病倒了，却意外地给王莽提供了一次难得的政治表演机会。王莽想到了《尚书·金縢》中所载的周公为成王祷告的故事。现在王莽要模仿周公，为平帝去祈祷。他冥思苦想，写了一篇祷文，然后跑到"泰畤"去祷告神灵，献上贵重的玉器，发誓以已身代平帝去死，祷告完毕，也把祷文藏在金匣子里，置于神殿之前，并且再三命令随行的官臣不要声张。整个过程与古书记载的情节一模一样。

但模仿毕竟是模仿。没过多久，14岁的汉平帝结束了他短暂的一生。王莽不仅除去了眼中钉，而且还借此又把自己的形象抬高了一层，大大地捞了一笔政治资本。

平帝死后，元帝的后嗣断绝了，元帝的父亲宣帝倒是有许多曾孙。但是王莽考虑到14岁的小皇帝都敢对他发脾气，如果立一个成年人做皇帝，他就失去了凌驾于皇帝之上的权力，他苦心建立起来的政治势力就会垮掉。于是，王莽借口这些曾孙辈的人与平帝是兄弟辈，不好做继承人，就从玄孙辈中选了最年幼的广戚侯子婴做继承人。这个子婴只有两岁，王莽却说子婴命相最吉。

两岁的孩子做皇帝，自然做不出任何决策，而王莽官为宰衡，权倾朝野，当然都是他说了算。实际上，王莽已经掌握了皇帝的权力，只是没有做名义上的"皇帝"。

王莽是想做皇帝的，但皇帝不是任何人都可以当的，那是要有"天命"的，这是西汉时代的社会意识。以前，王莽想达到什么目的，就可以让党徒为他上书。官居极品以后，他不好再让黎民百姓和文武百官拥护自己篡汉当皇帝。但是，善于揣摩的官员投其所好，及时制造了"天命"。

平帝葬礼后不久，前辉光（王莽于公元 4 年改京师为前辉光与后承烈）谢嚣上奏，说他的下属武功（今陕西周至西）长孟通在浚井时得到一块上圆下方的白石，上有丹书"告安汉公莽为皇帝"八个字。

元后对于这一消息持否定态度，她坚决维护汉朝纲纪，认为这种符命是"诬罔天下，不可施行"；而拥护王莽的一派则认为汉朝已经不行了，应该换掉。王莽正想篡汉，得此符命，正中下怀。结果，元后被逼无奈，只好下诏同意王莽"居摄"。群臣从《尚书》和《周礼》中找到周公居摄的规矩，然后提出了王莽居摄的形式。主要内容有王莽穿天子的服饰，南面朝群臣，听政事；车马出入都要像天子的制度；祭天、祭祖、祭神的时候，赞词称"假皇帝"，臣民称"摄皇帝"，自称"予"，决定朝廷的一切事物。这些规定跟"真皇帝"已经没有多大区别。

居摄元年（公元 6 年）正月，王莽完全以皇帝的礼仪到南郊躬祀上帝，又到东郊迎春，赴明堂行大射礼，亲养三老五更，然后返宫，场面十分热闹。三月，立子婴为太子，王莽从此做起了其在中国历史上首创的摄皇帝。摄皇帝实权在握，真皇子徒有虚名，这本身就是一种十分奇特的政治现象，因此，摄皇帝与真皇子是不能长期共存的。

（四）称帝篡权

王莽称"摄皇帝"，为正式篡夺皇位的前奏，其狼子野心昭然若揭。因此，王莽居摄才一个月，便有刘氏宗室安众侯刘崇起兵讨伐。刘崇认为王莽"专制朝政，必危刘氏"，率领百余人造反，喊出了反对王莽的第一声。但是此次起义毕竟势单力薄，攻宛城不下，很快就失败了，刘崇也死于乱军之中。此时对王莽的反抗还是个别的，大多数吏民百姓还不会立即参加到反抗王莽的行列中来，相反，一些与刘崇有牵连的人还主动向王莽输诚，以表示与乱军划清界限。

居摄二年（公元 7 年）九月，东郡太守翟义立严乡侯刘信为天子，起兵反对王莽,拉起的队伍达十多万人,郡国震动。这次真的把王莽吓坏了,整天抱着4岁的孺子婴到郊庙祈祷,并向各郡国承诺,自己会像周公那样,摄政只是暂时的,同时派遣各路兵马前去镇压。十二月,翟义军西进至圉县,被官军围住,经过一番激战,起义军彻底失败。

两次暴动的顺利平息,使王莽对自己的力量更加充满信心。正当王莽准备实施篡汉的最后一个步骤的时候,他的母亲去世了,而此时,这位曾经以大孝享誉朝野的王莽,却没有丝毫的悲哀。使他感到为难的是,究竟该为母亲举行什么形式的葬礼。如果王莽仍是一个摄皇帝,他的母亲就仅有一个与侯爵相当的功显君的封号。只有王莽做了真皇帝,他的母亲才有皇太后的名分。这件事情被经学大师刘歆解决了,他为王莽这个四不像的皇帝提出了一套四不像的服丧办法,即让王莽以皇帝对待诸侯王的礼仪为其母亲治丧。这表明,在孝与权发生冲突时,孝便成了牺牲品。王莽宁愿断绝血缘关系,也一定要抓住摄皇帝的名号和位子。

葬仪上的尴尬局面,使王莽的篡位势在必行。在王莽夺权的过程中,除了对付武力反抗,一般都不使用大规模的杀伐手段。因此,篡汉的最后一幕,王莽决定继续使用老办法,让符瑞来昭示天意,高奏胜利的凯歌。

居摄三年(公元8年)十一月,窥透王莽心思的广饶侯刘京、车骑将军扈云、大保属臧鸿,分别奏上显示天意要求王莽做皇帝的符瑞。后来,又有太学生哀章献两签铜匮的事。

铜匮的符瑞使王莽十分高兴,坚定了他应天命做皇帝的决心。于是,王莽迫不及待地来到未央宫,在党徒的欢呼声中登上龙座,宣布了即天子位的诏书。诏书共一百八十三个字,首先讲王莽是黄帝、舜之后,是元后的亲属,是龙种;

其次讲神授,皇天上帝和汉高祖都授权王莽,王莽不好违抗,只得接受;第三讲改制,首要的是改国号,"汉"换"新"。正朔十二月为正月,居摄年号刚改为初始,马上又改为始建国。这一诏书就是王莽篡汉的诏书。

接着,王莽就办了交接手续。封孺子婴为定安公,将平原郡的五个县作为定安国,在国中立汉祖宗之庙,世代祭祀。平帝的皇后,即王莽的女儿,被改称定安太后,居住在定陶馆。让孺子婴居住在一批门卫把守的府第，不许任何人跟他说话。孺子婴长大后，什么也不懂，连话都不会说。王莽还把王宇的女儿，自己的孙女嫁给这个饱受摧残的人。王莽又牺牲了一个亲孙女！

王莽对自己这边也要做安排。首先立妻子为皇后，立儿子王临为皇太子，封儿子王安为新嘉辟，王宇的六个儿子也被封为公。又按铜匮上所说的，让王舜、平晏、刘歆、哀章做四辅，地位最高；封甄邯、王寻、王邑为三公；封甄丰、王兴、孙建、王盛为四将。共十一公。另外还封了新官数百人。

王莽得了帝位，成了一朝开国之君，终遂心愿，只是传国玉玺还在太皇太后手中，于是王莽就派王舜向元后索要玉玺。元后怒骂王莽，但又别无他法，不得已取出玉玺，狠命摔在地上。经这么一摔，玉玺缺了一角，王莽就用金修补了。

王莽做了皇帝，建立了一个与汉皇朝异统的"新"皇朝。但元后是汉朝的太皇太后，佩戴的是汉朝的玺绶，这与新朝是很不协调的，于是王莽开始考虑如何去掉元后的旧号。后来张永献符命铜璧，文字称："太皇太后当为新室文母太皇太后。"这个尊号很有技巧，既不用改掉"太皇太后"，又体现了由汉改新的变化。

废掉元后，王莽也感到有愧于这位姑母，于是为之起庙。元后的最后几年是在失国的悲愤中度过的，她与自己的官属都保持着汉朝的生活习惯，以此表示对汉朝的纪念。始建国五年（公元13年），元后含着恋主的哀愁，带着失国的悲痛，走完了自己的生命历程。

始建国元年（公元9年）元旦，王莽举行了盛大的登基典礼。到此为止，王莽已经完全建成"新"的朝廷，他确确实实地当上了皇帝，篡汉成了历史事实。

四、王莽改制

王莽自幼饱读经书，极端向往《周礼》等所描绘的古代制度，因而即位后，为缓和尖锐的阶级矛盾，在刘歆等经学家的帮助下，大力进行复古改制，推行各种新政。

（一）名称改革

儒家有"名不正则言不顺"的说法，认为政治工作必须先"正名"。王莽继承儒家的思想，按照儒家经传的说法，做了大量的改名工作。

王莽的改革既附会《周礼》，又对历代制度加以损益继承，最后形成了以四辅、三公、四将、九卿、六监为骨干的新中央官制，即前面所封的十一公：安新公、就新公、嘉新公、美新公、承新公、章新公、隆新公、广新公、奉新公、成新公、崇新公。每一公都有"新"字。这些被封"公"的人只是因为他们的名字是"王家""兴""盛"的意思，又是铜匦符命上有的，外表也有当官的派头，于是就被选拔出来，破格提为最高层的十一公。王莽利用这种机遇，证明了天命的神秘性，而实际上则体现了王莽意志的权威性。

秦汉时代的官制是公卿制度，立三公九卿。三公是丞相、太尉、御史大夫。

丞相，又称相国、大司徒。有时置左右两丞相。负责帮助皇帝处理一些事务。

太尉，又称大司马。掌管军事，统领各将军。

御史大夫，又称大司空。在殿内负责图籍秘书，对外监察各级官吏，接受公卿的奏事，汇总情况，向皇帝报告。

秦汉的九卿是：太常、光禄勋、卫尉、太仆、廷尉、大鸿胪、宗正、大司农、少府。

秦汉的地方长官，郡有太守，县有令、

长。几个郡合为一州,派州刺史负责监察工作。

这些禄制在秦汉时代,虽有一些变动,但三公九卿是基本不变的,公卿以下的属员一般根据需要设置,数量不等。

王莽对这些制度、名称作了一系列改革。三公各置一个助手,大司马有"司允",大司徒有"司直",大司空有"司若"。九卿中大司农改名"羲和",后又改为"纳言";大理即廷尉改称"作士";太常改"秩宗";大鸿胪是接待外宾的长官,改称"典乐";少府改为"共工"。

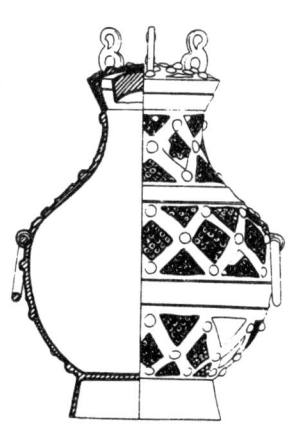

九卿分属于三公。每一卿设置三个大夫,每一大夫设置三个元士。这样就有了完整的以三为倍数的官员体系。三公、九卿、二十七大夫、八十一元士这种设置是受了董仲舒的影响。董仲舒在《春秋繁露·官制象天》说:"王者制官,三公九卿二十七大夫八十一元士,凡百二十人,而列臣备矣。"董仲舒还用天象来证明这是王者据天象而设置的官制。王莽相信天命,就照此办理。

此外,秩百石改庶士,三百石叫下士,四百石叫中士,五百石叫命士,六百石叫元士,千石叫下大夫,比二千石叫中大夫,二千石叫上大夫,中二千石称卿。各个等级官员的服饰和车辆都有差别。又设置了司恭、司徒、司明、司聪、司中大夫及诵诗工、彻膳宰等。

对一些建筑的名称,王莽也做了改动。长乐宫改常乐室,未央宫改寿成室。前殿改王路堂,门就是王路门,门外居摄一条王路,在王路上设"进善之及旌,诽谤之木,敢谏之鼓",并派四个谏大夫坐在王路门听取人们的意见。

王莽新改的名称,很多都是参照了舜的制度名称。例如,舜任命垂为共工好、益为朕虞、伯夷为秩宗、夔为典乐、龙为纳言等。舜开四门,接待四方来宾,征询意见。王莽设王路四门也是想听取四方的意见,但是,仅过了几年,王莽就听不进批评意见了。纳言冯常、大司马司允费兴都因进谏而被罢了官。王路上的诽谤之木、敢谏之鼓也都成为了摆设。

西汉时封了许多诸侯王,还封四夷的领袖人物为王。王莽根据"天无二日,土无二主",认为这么多王是不合适的,不符合大一统的原则。于是,他决定将诸侯王都改为"公",四夷的王都改为"侯"。王莽还把匈奴单于改为降奴服于,把高句丽改为下句丽。

王莽对官制的改革，在中央设置了比汉朝更多的高秩级官员和众多分司办事机构，同时也保留了中朝这一决策的核心和指挥调度全国行政运行的总枢纽。王莽正是通过这个总枢纽把大权牢牢地掌握在手中。而对外族的名称改革，虽满足了王莽的虚荣心，却引来了外交上的问题。

（二）创新禄制

王莽在官制方面，是分封与郡县并存，因此有授爵与任职的差别。

始建国四年（公元12年），王莽到明堂授诸侯茅土。明堂中有一土坛，是天子大社，由五色土组成，南方赤土，东方青土，西方白土，北方黑土，中央黄土。分封诸侯时，按封地所在方向取坛上一色土，用茅草包裹，带到封地去立社。茅草包的一色土，就是茅土，是受封者立社用的。

王莽按《禹贡》分九州，按周朝分爵五等。设诸侯、附城各一千八百员，用于赏有功者。公、侯、伯、子、男五等爵，公爵封万户，土方百里；侯、伯一国，五千户，土方七十里；子、男一则，二千五百户，土方五十里。附城大的九百户，土方三十里，小的只有十里。当时王莽授茅土的有十四公、九十三侯、二十一伯、一百七十一子、四百九十七男，共七百九十六人。附城一千五百一十一人。

授了这么多爵位，分了这么多茅土，但由于当时地理图集尚未确定，受封者不能到封地去立社建国收税，所以只能在京师等待，而朝廷发放的生活费又很少，受封者生活都很困难。官员们为了改善生活，只得各显神通，自己去创收了。有的人不得已去打短工，在封建社会中，这是很不正常的。但更多的官员是通过贪污受贿、假公济私来发财致富，导致奢侈腐化。节约财政开支的结果，是将本来应由政府发放的俸禄，让官吏自己通过不正当的手段向人民索取，最终受害的，只能是底层的百姓。官吏们竞相贪污受贿，形象日趋恶化，社会风气也就日益衰败。其实，朝廷给的俸禄少，也减弱了对官吏的影响力和控制力，降低了中央的控制权。

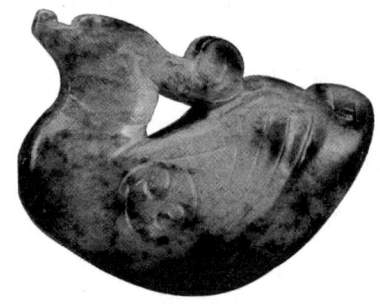

天凤三年（公元16年）五月，王莽颁布了"吏禄制度"，规定："四辅公卿大夫士，下至舆僚，凡十五等。僚禄一岁六十六斛，稍以差增，上至四辅而为万斛云。"僚是最低级，四辅是最高级，俸禄相差一百多倍。这是国库发给行政官吏的俸禄。封侯的就靠封地内收税来供养，丰收年，收入多，在礼仪上就充足些；有灾害的年份，收入就少，各方面就要削减一些。大司马、大司徒、大司空这"三公"也有所承包，各级官吏都随上司的损益而增减俸禄。王莽这样做，是要百官与丰歉相联系，与百姓同苦乐。但这种制度非常繁琐，很难计算，当官的收入不稳定，经常无法满足生活支出，只能利用自己手中的权力假公济私，收取贿赂，来弥补俸禄的不足。

为了防止官场的不正之风，王莽派得力的官员到各地去进行督察，每郡都有一名督察员。王莽下令详细考察始建国二年以来，军吏和边疆各郡县的官吏中通过不正当手段发财的人，没收其所有财产的五分之四，作为边防经费。王莽希望通过这种措施可以起到禁奸的作用，但实际上，却发生了官吏告长官，奴婢告主人的事，社会更加不稳定。禁奸的结果，是奸情更严重。

在王莽的时代，哪个地方如实反映情况，就会增加负担，经济困难，人民生活水平下降。哪个地方隐瞒产量收入，经济情况就会好些，人民的日子也会好过一点。由此可见，讲真话，办实事，却无法在那崇尚虚假的时代发挥应有的作用。

国家财政收入供养行政官员和军队，一般是没有问题的。财政紧张往往与灾害、战争、大兴土木以及滥封滥赏有关。王莽时期，财政收入增多，却舍不得发出去，吏禄定得更低，还经常借口灾害扣除吏禄。官吏因俸禄不足，贪污受贿成风，把负担转嫁给百姓，败坏世风。地皇元年（公元20年），在"府帑空虚，百姓匮乏"的情况下，王莽还大兴土木，毁汉宫，建九庙，又给财政增加了沉重的负担。

在重禄下，也会有官吏贪污受贿，但那是极少数，也容易撤换；在王莽时代的薄禄情况下，绝大多数官吏都贪污受贿，难以全部撤换，即使全部换掉，也无法防止贪污受贿,采取强制措施,反而会使受贿更严重。薄禄使遵纪守法的官员清苦不堪,却使投机取巧、营私舞弊的官吏生活优裕。官风影响民风,世风自然日下。

(三)重划政区

改革中央官制的同时,王莽对地方行政区划分以及地名、官职也进行了多次改定。元始五年(公元5年),王莽依据《尚书·尧典》改汉十三州为十二州。始建国四年(公元12年)又依《尚书·禹贡》改为九州。同时,又以西周之制设东西两都,改长安为常安,做西都,以洛阳为东都。天凤元年(公元14年),王莽再一次重划全国行政区,以常安为中心,分城旁六乡,分三辅为六尉郡。以洛阳为中心,分城周为六郊州,河东、河内、河南、弘农、南阳、颖川为六队郡。此外,都城周围五百里内设内郡,五百里之外设近郡,边境地带设外郡。全国共设九州一百二十五郡,二千二百零三县。每州设州牧为最高行政长官,同时兼任监察官。

王莽还频繁改定郡县官吏的名称。始建国元年(公元9年),王莽改郡太守为大尹,都尉为太尉,县令为县宰。天凤元年,王莽下令,在六乡各置帅一人;六郊州各设州长一人,人各主五县。在六尉、六队各置大夫,职如郡守;置属正,职如都尉。改河南大尹为保忠信卿。由于郡县长官多数都有爵位,其官职因爵位高低而异。一般郡太守,若以侯爵任之,称卒正;以伯爵任之,称连率;无爵者任之,称大尹。都尉,以子爵任之,称属令;以男爵任之,称属长。边境地区设竟尉,以男爵任之。

王莽重划的行政区,较西汉增加二十六郡,六百十五县。郡县面积都较西汉有所减少。随着农民起义的风起云涌,王莽逐步增强郡县官吏的军事责任。地皇元年(公元20年),王莽下令卒正、连率、大尹加号为将军,属令、属长为裨将军,县宰为都尉,实行军政合一的地方官制。

王莽的政权是用篡夺的方式窃取的,所以,他很担心臣下"以其人之道还治其人之

身",所以大力强化监察制度。

在中央,设五威司命,作为最高监察官,开府置吏,监察所有朝中官员,亲信陈崇被任为五威司命,对"不用命者""大奸猾者""铸伪金钱者""骄奢逾制者""漏泄省中及尚书事者""谢恩私门者"进行监察。

为了加强对地方官员的监察,王莽还设立中郎将和绣衣执法等官,随时接受皇帝差遣到地方行使特定的监察之任。州和部是常设的地方监察机构,而随着对州的行政、军事职能的强化,部的监察职能不断增强,当时全国设二十五部,各置部监一人,位上大夫,各主五郡,其职能与汉的刺史相当。地皇二年(公元21年),又置部监副,秩元士,协助部监强化监督事宜。在郡县,设置左右刺奸,负责所辖地区的监察工作。

王莽设置了从上到下的较为严密的监察网络,对上至四辅三公的高官,下至一般的郡县小吏,都施以严格的监察,以使大小臣工死心塌地地为他的皇朝服务。

(四) 外交匈奴

西汉的外交,排在第一位的是匈奴,打打停停,战战和和。虽然双方各有胜负,汉朝始终处于优势一方,但匈奴却以顽强的性格保持独立的地位,从来不屈服,只是有条件地妥协,始终作为自主的汉朝邻邦。匈奴令汉朝皇帝伤透了脑筋。扬雄认为匈奴"真中国之坚敌"。

王莽秉政时,并没有把匈奴视为"坚敌"。讨好元后时,王莽让匈奴单于派王昭君的女儿须卜居次云来侍候元后,并给单于很重的赏赐。

王莽规定一个人不得有"二名"。他派使者去给匈奴单于做工作,劝单于改为"一名",并答应给予厚赏。匈奴单于名囊知牙斯,他上书王莽,改名为"知"。王莽很高兴,向元后禀报,说大汉德高望重,外夷慕化,并重赏了"知"。

处理了几回事以后,王莽觉得匈奴很好对付,很听话,无非就是多给点赏赐。于是,王莽决定把匈奴单于改为降奴服于,对于一个一直不肯屈服的民族来说，这无疑是一个屈辱性的名称。王莽派五威将王骏率领甄阜、王飒、陈饶、帛敞、丁业等人，带着厚礼去馈赠单于，要用新印更换汉朝封给的故印。故印的文字是"匈奴单于玺"，王莽给单于的新印的文字是"新匈奴单于章"。在汉代，只有诸侯王以下的官爵才有"章"字，而且新印又加了个"新"字，这明显是把匈奴当臣下看待。但是单于接受了很多礼物，对新制的印也没在意，故印就被王骏等人换走了。晚上，陈饶提出，如果单于发现印文变了，要索取故印，怎么办？于是汉朝使臣就把故印砸了。第二天，单于果然派人来要故印，陈饶拿出已经砸烂的故印碎块，单于也就无可奈何了。但是，从此埋下了祸根。自宣帝以来，八十多年间，汉与匈奴和好，边疆人民安居乐业。王莽决策的失误，几年间就将几十年积造的好形势付之东流。

匈奴单于知死后，他的弟弟咸立为单于。咸刚即位，就派使者向王莽提出和亲，并要求汉归还在常安做人质的儿子登。王莽又送了许多礼物给单于，同时答应送还登，并提出要引渡从西域叛逃匈奴的官员陈良、终带等。单于就把陈良等抓来，送到了常安。匈奴使者回来以后，单于咸知道了自己的儿子已被诛杀，于是怀恨在心，就派兵从西部进入汉境抢劫，说是民间盗贼，或是西域乌桓人，政府难以制约。

天凤二年（公元15年），单于咸提出要把儿子登的尸体运回，王莽答应了。王莽怕咸怀恨在心，就把当时建议诛杀登的将军陈钦抓入了监狱。陈钦知道王莽要拿自己的性命向匈奴做交代，就自杀了。王莽又派了能说会道的儒生王咸为大使，五威将伏黯为帅，护送登的尸体去匈奴。王莽还提出了归还的条件：一是挖开单于知的坟墓，鞭尸；二是要匈奴退到沙漠北边去；三是要匈奴献出一万匹马、三万头牛、十万头羊；四是要匈奴送还掠去的汉民。面对这么苛刻的条件，匈奴单于竟被王咸说得理屈词穷，只得答应下来。这次出使，还把

"匈奴"改为"恭奴"，"单于"改为"善于"，赐给印绶。封王昭公的女婿当为后安公，当的儿子奢为后安侯。单于得到很多礼物，因此表面上各项条款一概接受，暗地里仍然让兵士到边境去抢劫。

天凤五年（公元18年），单于咸死，他的弟弟舆立为单于。王莽要封当为须卜

单于，想出兵辅立他。这就激怒了单于舆，匈奴大兵南下，边境全线崩溃。正好天下大乱，汉兵诛了王莽，这场复杂而失策的外交也就不了了之了。

在对外关系中，王莽采取的措施是：用物质财富换取匈奴对某些名称的承认，以便满足自己的精神需要。而这导致了他政治的失败。

(五) 恢复井田

在以农业为主的社会里，土地是最主要的生产资料。土地问题是关系到国计民生的最重要的问题。

周时，"普天之下，莫非王土"，土地都是属于周天子的，实行井田制。孟子认为的井田制是：当时乡是基层组织，一个乡有一块一平方里的田地。按井字划分为九块，共九百亩，中间一块是公田，周围八块是私田，分给八家耕种。

这种井田制，将人民束缚在土地上，而土地每户都是一百亩，不能增减，没有贫富，是一种古老的"均田制"。春秋战国时代，开辟土地、扩大地盘、争城夺地成为战争的重要目的。秦国的商鞅变法，主张废井田、开阡陌、允许土地买卖、鼓励耕战，达到富国强兵的目的。这样一来，有的人家可以扩大许多土地；有的人家因天灾人祸，贫穷到只好把土地卖掉。一家占了别家的土地，在古代叫作"兼并"。汉承秦制，土地兼并更加严重。

王莽试图解决土地兼并问题以稳定封建统治的根本大计。始建国元年（公元9年），王莽在颁布井田制的诏书中，痛斥了秦汉以来土地兼并之害，并提出了他的均田理想和方案。王莽认为古代实行的井田制，一对夫妻有地百亩，生活富足。于是下令把所有土地收归国有，称为"王田"，不得买卖。一家男性不到八口的，占田不能超过一井，即九百亩；超过一井的，要将多余的部分分给亲戚乡里耕种；如果没有田的，那就由国家分配规定的田地；如果有非议井田制的人，那就把他流放到边疆去。

王莽用井田制来进行均田，纠正当时土地兼并、贫富两极分化的严重社会问题，这一意向是好的。但是，他对此没有详细规定措施，没有建立一支推行这项改革的队伍，因而没能真正实行，这诏书成了一纸空文。

王莽实行的井田制,不可否认,也有其积极性:

第一,王莽确实抓住了当时社会问题的症结所在,即土地兼并的高度发展,是导致阶级矛盾激化和社会不安的根本原因。

第二,实行井田制的目的,是为了扭转秦以来"强者规田以千数,弱者曾无立锥之居"的地权不均现象,同时也是为了避免汉代"豪民侵凌,分田劫假"所加给贫苦农民的残酷租佃剥削。

第三,通过井田制的实施,要达到"一夫一妇田百亩,什一而税"的均田理想,使小农有田可耕,租税不重,永远摆脱"父子夫妇终年耕耘,所得不足以自存",以及"不厌糟糠,穷而为奸"的困境。这样,地主阶级的政权也就可以长治久安了。

第四,为了防止重新出现土地兼并的现象,必须以"王田"的名义,把全国土地的所有权收归国家,只给私人以土地使用权,以冻结土地买卖,避免产生贫富分化。

第五,王莽在称帝之前,曾在局部地区进行过均田的试验,并取得了明显的成效。因此,他的井田制并非空想。

尽管有积极性,但王莽的井田制还是失败了。因为这是王莽根据西汉晚期土地兼并的严重情况而制定的一项应急措施,虽与孟子针对战国时期土地问题而提出的"井田"蓝图是一样的,但如果说孟子的"井田"设想中还有一点劳役地租的影子("其中为公田"),那么王莽的井田竟连这一点影子都没有了。

在土地兼并之势已成,地主豪强势力十分强大的西汉末年,要在全国范围

内实现这种"耕者有其田"的理想制度,实属不易。回顾一下西汉王朝对付土地兼并的措施,就可以知道王莽决心实行井田制,确有不得已的苦衷。

西汉历届政府为了阻止土地兼并的发展与缓和阶级矛盾,大体上采取过减轻田租、迁徙豪强、假民公田或赋民公田、限田政策的措施,但所做的努力,或是无效的,或是收效甚微的。王莽处于西汉末年,当时土地兼并已十分严重,阶级矛盾极端尖锐,并不是可以轻易解决的。因此,井田制的确是一个可以试行的土地方案。

只是在封建社会内部,实行以抑制土地兼并为目的的土地改革,必然是一项十分复杂、十分艰难的工作。因为这种改革,既不可能不触犯地主阶级的利益,又不允许过多地损害他们的利益,以免激起反抗;既要使广大贫苦农民享有一定数量的耕地,又不能草率从事,以免陷入混乱。王莽在实行土地改革时,并未能深察当时的各种有利和不利条件,从而采取较为灵活而坚定的政策,而是一哄而起,仓促上阵,以致在执行过程中弊端百出,结果半途而废,这应该是王莽最大的失策之处。

始建国四年(公元12年),王莽下令:"诸名食王田,皆得卖之,勿拘以法。"这实际是宣告了井田制的破产。

(六)奴婢制度

王莽在颁布井田制的诏书中,痛斥土地兼并之害的同时,也严厉谴责了奴婢制的惨无人道。他说:"……又置奴婢之市,与牛马同栏,制于民臣,颛断其命。奸虐之人因缘为利,至略卖妻子。"因此,王莽下令改称奴婢为"私属",并禁止买卖。名称的改变,意味着奴婢社会地位的提高,表明他们的身份是"人",而不是牲畜。禁止买卖,则是为了防止奴婢人数的继续扩大。

王莽实行这一政策的目的,是在保证官有奴婢的前提下,阻止劳动者主要是农民的奴婢化,以缓解农村劳动力的不足,从而保证国家的赋役之源。因为当时政府所征收的田租、算赋、口赋、户税等都是以自耕农的稳定为前提的。但是,新奴婢政策也同样存在不可克服的矛盾,奴婢"私属",不准买卖,实际上是冻结现状,承认奴婢存在的合法性。特别是,政策并未规定奴婢后代可以改变身份,这就注定奴婢政策本身并不以解放奴婢为目的。

王莽在诏书中把奴婢问题和土地问题联系起来,说明他认识到奴婢问题实质上是土地问题的一个组成部分,只有土地问题解决了,奴婢问题才能彻底解决。因为恢复井田制后,农民有了土地,不愁衣食,奴婢产生的社会根源就没有了。

虽然王莽的新奴婢政策有其进步意义，但是由于井田制的失败，这一政策也就无法实现，禁止买卖奴婢的法令不得不随之终止。

不过，王莽并未因此而完全放弃他的禁奴主张，天凤四年（公元17年）又下令，将奴婢的口钱提高到一般人的三十倍，即达到每人每年三十六万，这是一笔不小的数目，如果真能执行，肯定会大大减少奴婢的数量。这实际是一种寓禁于征的政策。

（七）五均六管

王莽上台后，对经济政策作了重大调整，使官商体系更加系统、全面、深刻。这些改革包括许多方面，主要是五均六管。

在始建国二年（公元10年），王莽根据国师刘歆的建议，颁布了五均令。五均，据《乐语》记载，是古代天子对市场所设立的制度，相当于现在的市场管理。天子派人管理市场，按商品的质量、时令季节，规定商品的统一价格。使"市无二贾（价），四民常均"。强者不能强买强卖，富者不许盘剥穷人。这样既可以增加公家财政，又对老百姓有好处。

王莽实行五均，着重于控制当时不断上涨的物价。王莽把实行五均的城市称为五均市，这样的城市有长安和五都即洛阳、邯郸、临甾（淄）、宛（河南南阳）、成都。王莽又根据这几个城市的地理位置，将全国划分为以洛阳为中心的中市区、以邯郸为中心的北市区、以临甾为中心的东市区、以宛为中心的南市区、以成都为中心的西市区，以及长安特区。长安特区原来的东市改为京市，西市改为畿市。每一个五均市都设五均司市师一人，长安东市市令、西市市令改为五均司市师，洛阳、邯郸、临甾、宛、成都的市长分别改为中、北、东、

南、西五均司市师。这些五均司市师手下都设交易丞五人，从事商业活动；设钱府丞一人，负责借贷事宜。王莽还在各市首次设置了类似现在储蓄所的"司市钱府"，工商业者可以将自己的资本存放在那里，随需随取。

五均市推行的主要措施是：

1. 评定物价。各市以每季中月的商品价格为基础,根据商品的质量分为上、中、下三等,定出各类商品的标准价格,名之曰"市平"。在三个月内,各类商品均须按"市平"出售,不得任意涨价。如果商品超过标准价格,国家就将其抛售;如果商品低于标准价格,即任人自由买卖。这样做的目的是平抑物价,保证城市居民生活的安定。

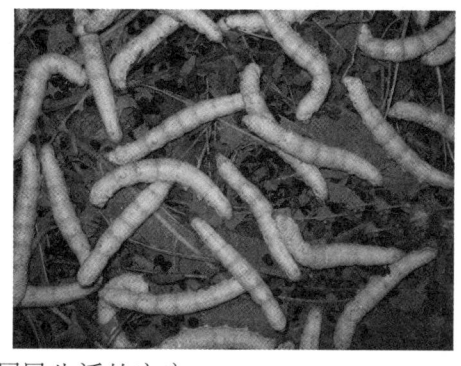

2. 平衡市场供应。对于人民生活的必需品,如五谷、布帛、丝绵等,当市场上供过于求,商品滞销时,政府应核实成本,用原价收购,不让卖者亏本,这样做保证了生产者的利益;而当这些商品短缺时,政府则按"市平"出售,以保证人民生活必需品价格的稳定。

王莽统一物价的思想,其渊源可以追溯到战国时期农家许行曾提出的"市价不二,国中无伪"的价格学说。但是王莽对于物价管理的认识,远胜前人。他不是死板地规定出一个一成不变的价格,而是根据季节的变化,适当地调整物价,并建立一套保证生活必需品供应的购销制度与之相配合。这样,就可以有效地做到使官方所定物价不至于流于形式。

3. 办理赊贷。"赊"是一种无利息的贷款,对于有一时急用(如祭祀、丧葬等)而又无钱操办者,可以向政府借贷,但在规定的期限内必须归还,祭祀十天内,丧葬三月内。"贷"是一种低利息贷款,对象主要是从事生产和经营活动而又缺乏资金的小工商业者。这种贷款的利息仅从赢利额中提取百分之十作为年息。如不足一年,则按月计算,利息更低,仅取赢利额的百分之三。这种办法与西汉社会中"取倍称之息",甚至"其息十之"的高利贷相比,对贫苦人民无疑是十分有利的。

4. 征收山泽之税及其他杂税。征收山泽之税并非起于王莽,但从王莽开始,可以说是通过征税的形式,正式把山泽富源公之于民。这样,贫民在交纳了一笔不重的税金之后,就可以充分利用山泽富源作为谋生手段,同时也丰富了市场供应。值得称道的是,王莽对于民间开发山泽富源,还懂得必须要有一定的节制,不允许滥施采伐。

除山泽之税外,五均官还负责征收蚕桑、织纴、医巫、卜祝、方技等杂税,并对游惰不事生产者进行罚款。这些税收，主要是作为采购生活必需品及赊贷的资金来源。

王莽对工商经济的管制措施，后来发展为六管。始建国二年（公元10年），王莽颁布六管令。

所谓"六管"，就是由政府直接掌管六项重大的经济事业。即盐、铁、酒由国家专卖；货币铜冶由国家专营；名山大泽由国家管理；五均赊贷由国家经办。王莽认为这六项是人民生活所必需，又不是家家户户所能生产的，关系到国计民生，所以，必须由政府来管理。对于每一方面的管理都规定了许多条例，违反者要受惩罚，严重者有死罪。

王莽在诏书中阐述了六管的作用，可以简单地归纳为"齐众庶，抑并兼"六个字。其实，王莽实行六管，主要是为了限制富商大贾的投机活动，以保证人民生活的安定，同时也是为了在不加重人民负担的前提下，增加政府的财政收入。

六管不是一次完成的制度，而是从始建国二年（公元10年）到天凤四年（公元17年），花了八年时间才建立起来的新的经济制度。

盐、铁、酒的垄断利润很大。以"县官酤酒"一项为例，当时规定一酿用粗米二斛，曲一斛做原料，酿得酒六斛六斗。酒的售价每三斛相当于粗米和曲一斛的价格之和。这样，从六斛六斗酒价中扣除原料价格，还余三斛六斗的酒价，其中的十分之三，即一斛八升用于补偿"丁、器、薪樵之费"，也就是用于工资、工具和燃料的开支，余下的十分之七即相当于二斛五斗二升的酒价为纯利润。利润高达61.76%，因此，国家在从事酒专卖中可得到相当大的一笔收入。

盐的产地和种类都很多，据《史记·货殖列传》记载："山东食海盐，山西食盐卤，领南、沙北固往往出盐。"在六管中规定盐的生产由政府专营，盐也由政府专卖。

铁的产地必须有铁矿山。从记载中可知，在汉代，邯郸、临邛、南阳、鲁县都是产铁的重要地区。

谁占山炼铁，谁就是大富翁。后来全由政府垄断经营，炼铁、制造铁器农具、销售，都由政府转办。

对山泽资源实行国家管制之后，百姓采取山林产品和水产品，也要向国家纳税，这也是国家相当大的一笔收入。

六管的设立，王莽虽依托"先圣"，并宣称来自《周礼》、乐语、传记等古典，但实际上大部分皆为继承或发展汉武帝时的制度。如盐、铁、酒专卖及货币由国家统一铸造，都是武帝时行之有效的政策。"专山泽之利，管山林之饶"，本为秦制，汉代税归少府，作为皇帝的"私奉养"，因此也非始于王莽。五均赊贷虽属新设，但武帝时实行的均输、平准政策，亦皆被王莽所借鉴。不过，这些方法，武帝实行的目的主要在于聚敛，而王莽则侧重摧抑兼并，以缓和当时日益激化的阶级矛盾。

王莽改制

王莽扩大了官商的范围，从盐铁扩大到六管。朝廷立羲和官（原为大司农，后改为纳言），下设命士，派往各郡负责监督五均六管事宜。各郡都有几个命士，这些人都是从富商中选拔出来的，他们是商业的行家，奉命到各地去搜刮财利，十分内行。他们与郡县官吏狼狈为奸，账面上列有许多项目，而仓库中却没有那些东西。上骗朝廷，下欺百姓，使"众庶各不安生"。

当时，有个叫冯常的纳言官，看到六管之法在执行中的弊病越来越多，就上书王莽，劝谏他停止此项政策。王莽看了奏书后大怒，下令免去了冯常的官职，接着，命令酷吏侯霸等分督六尉、六队，给予他们类似汉代刺史那样的权柄，变本加厉地继续推行六管之法。

直到地皇三年（公元22年），即王莽垮台的前一年，为了缓解来自各方面的压力，他才勉强下诏废除此项法令，到这时，王莽才承认这也是一项失败的政策。在王莽颁布的所有改革政策中，五均六管是实行时间最长的。其所以如此，一是因为这些政策在实行过程中遇到的阻力不像王田奴婢政策遇到的阻力那么大；二是因为五均六管政策为王莽的政权提供了重要的财税收入，巨大财富的诱惑使王莽不愿轻易放弃。

（八）屡改币制

在王莽众多的经济改革措施中，六管之一的货币改革是最混乱、最荒唐的一种。从居摄二年（公元7年）他宣布进行第一次货币改革起，到地皇四年（公元23年）新朝灭亡，十多年间，他四次下诏改革货币，五次下诏重申货币改革的命令和禁止民间私铸货币的严酷刑法。而每一次改革，差不多都是以小易大，以轻易重，运用政治权力强行推行新货币，对广大民众进行最直接、最露骨的掠夺。

第一次改革在居摄二年，当时王莽尚处于辅政时期。他于通行的五铢钱之外，下令增加三种新货币：大泉重二十铢，每枚币值五十；契刀每枚值五百；错刀每枚值五千。王莽解释增加新货币的理由是"周钱有子母相权"，而汉行单一的五铢钱，不便于流通。在商品经济相当发达的西汉社会中，使用面值较低的单一货币，在支付、携带、储存等方面，都会造成很多不便，适当地增加高值货币，无疑是符合市场需要的。但王莽对于如何合理地规定出新旧货币之间的比值关系，以保持货币的稳定性这方面的考虑还是不够的。例如大泉一枚，重二十铢，含铜量仅比五铢钱重一倍多，而币面价值却为五铢钱的五十倍。这就不可避免地要出现"民多盗铸"的现象，从而给货币改革带来混乱。

王莽为了防止民间盗铸价值更高的错刀，下令"禁列侯以下不得挟黄金"，并命令持有黄金者，"输御府受值"，但又"卒不予值"。这使王莽第一次在货币问题上失信于民。

始建国元年（公元9年），王莽发布了第二次货币改革的诏令。这时王莽已经代汉自立，为了消除一切与刘汉皇朝有关的事物和遗迹，不仅因刚卯佩玉与"刘"字有关而被废黜，而且因五铢钱、契刀、错刀三种货币与"刘"字有关也被废止。为了符合"子母相权"之义，王莽在废除五铢钱、错刀、契刀之后，增发了径六分，

重一铢的"小泉值一",与前次发行的"大泉五十"为二品,一起通行。

长期以来,民间久已习用"重如其文"的五铢钱,认为大泉和小泉很不合理。因此,五铢钱私下仍被继续使用,民间甚至还出现"大泉当罢"的谣言。王莽深恐这一现象发展下去,必将破坏新币的信用,于是严令:"诸挟五铢钱,言大泉当罢者,比非井田制,投四裔。"王莽强迫推行大、小泉的结果,曾一度出现了"农商失业,食货俱废,民涕泣于市道"的混乱局面。为了防止盗铸,又下令禁止民间采铜烧炭。同年底,王莽派建议大夫五十人到各郡国督铸新货币,加快旧币的兑换,增加新币的供应量。

第三次改革在始建国二年(公元10年)。这是王莽推行货币改革的一次最大胆的尝试,也是失败最惨的一次。王莽盲目地下令增加货币品种,扩大货币发行量。他把当时的货币分成五物六名二十八品。五物就是五种不同的货币材料:金、银、铜、龟、贝。六名即六种货币类型:金货、银货、龟货、贝货、布货、泉货。二十八品即标有不同币值的二十八种货币,其中包括黄金一品:黄金;银货二品:朱提银、它银;龟宝四品:元龟、公龟、侯龟、子龟;贝货五品:大贝、壮贝、幺贝、小贝、贝;布货十品:大布、次布、弟布、壮布、中布、差布、厚布、幼布、幺布、小布;泉货六品:大泉、壮泉、中泉、幼泉、幺泉、小泉。

这是一次纯属主观主义的货币改革,不但没有达到"用便而民乐"的目的,反而造成"百姓愦乱,其货不行"的严重后果。王莽在事实面前,不得不宣布暂停龟、贝、布等币类的流通,专行值一的小泉与值五十的大泉两种货币。

第四次改革在天凤元年(公元14年)。王莽经过多次货币改革的失败,总结了经验教训,决心进行一次新的货币改革。这次废除了大、小泉,发行的货币仅有重五铢、值一的货泉和重二十五铢、值二十五的货布两种。这两种货币在制作规程上要求十分严格,含铜量也有明显的提高。与此同时,他又大贬大泉与新"货泉"同值,宣布推迟六年废除。

由于"货布"制作工艺较精,仿造不易,故盗铸现象减少。"货泉"在重量、形制、币值等方面都与汉五铢钱相当,这实际上等于恢复了五铢钱制。经过这次改革，王莽币制趋于简化和稳定。王莽的币制改革，前三次在不同程度上都是失败的，而第四次则取得了比较明显的成效。

王莽多次改革币制，历来为人们所诟病，但是，王莽对货币采取改革措施，是有原因的：

第一，西汉晚期，五铢钱已遭到严重的破坏，币制相当混乱，的确有重新进行整顿的必要。昭帝以后，官铸五铢钱即有逐渐减重的趋势，汉末甚至出现了仅及原重五分之一的小五铢。此外，还有大量的五铢钱被剪磨销熔，体积变小，严重的只余原币的三分之一。与此同时，私铸之风又起。元帝以后，盗铸更猖獗，货币质量也日趋低劣。扭转货币上的混乱现象，应该是王莽进行币制改革的重要原因之一。

第二，货币减重与"民多盗铸"的结果，必然使货币贬值和物价上涨。这种现象在武帝时就曾经出现过，元帝以后，这一现象更甚。稳定币值，制止物价上涨，是王莽进行货币改革的另一重要原因。

第三，汉武帝曾多次采用改变币制的办法打击商贾，并取得了明显的效果。王莽屡次改币制，应该也含有这样的用意。

不过，古人并不真正了解货币原理，王莽也不例外。封建统治者总是企图通过行政命令的简单办法来达到自己所要达到的目的，而结果却往往适得其反。王莽屡改币制的结果，对于当时社会经济的正常发展以及人民生活的安定，无疑都会带来严重的不良影响。

（九）重调税制

西汉时代，文、景两代都是轻徭薄赋，三十税一，有时卖爵，减除平民的租税。武帝时代，"外事四夷，内兴功利"，费用增加，国库空虚，以盐铁官营赚钱来补充财政。武帝末年，重视农业生产，在人民中提倡运用先进的农业技术，农业生产得到恢复、发展。

王莽篡汉以后，为了改革制度，说汉时三十税一实际上是"什税五"。有些贫苦农民租种富人的田地，除交税外，还要将大部分收获交给富人做田租。王莽为了说明汉制不善，证明自己改革的必要性和重要性，把特殊情况当作普遍情况，把汉制严重弊端化。

王莽根据《周官》来制定税制。他的税制实际上就是两条：

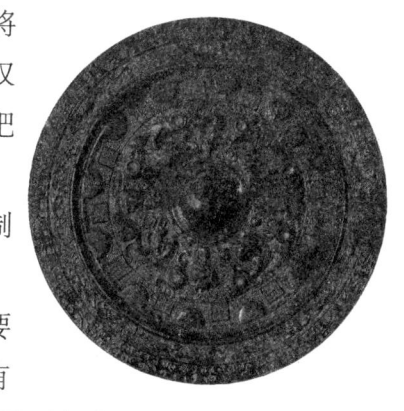

第一，田地没有耕种的，叫"不殖"，这要出三夫之税。男子从20岁左右到60岁左右有劳动能力的，要为政府服役、纳税。这样的男子要在政府那里登记造册，称为"夫"。按夫所收的税，叫夫税、夫布，即劳动力人口税。不殖者，要出三夫之税，比种地者增加两倍。城镇居民的住宅中不种树的称为"不毛"，不毛者出"三夫之布"。游手好闲而没有职业的，就是无业游民，要交一夫税再加一匹布。如交不起，或不愿交，可到官府去打杂、服役，由官府提供衣食。这是收拢无业游民的好办法，对稳定社会治安也是有好处的。

第二，对所有有收入的人征收所得税。"取众物鸟兽鱼鳖百虫于山林水泽及畜牧者"，这包括渔民、猎户以及林业、畜牧业的生产者。"嫔妇桑蚕织纴纺绩补缝"，这包括衣服生产线上各个环节的劳动者。

实际上，以上的税收针对的是一切有实际收入的人。王莽要求每人都要对自己的收入做一下估价，向官府申报。除去本钱，计算出纯利润，然后分为十一分，自己留十，以其一分上交官府，相当于现在的个人所得税。如果不申报，或者申报不实，就会被没收全部所得，并要在官府服役一年。

十一税一，比三十税一提高了近两倍。税收的面也扩大了，汉代"不殖""不毛"都不征税，王莽却要收"三夫之税"。税额增加，是王莽税制的主要特点。人民"力作所得，不足以给贡税"，只好"起为盗贼"。王莽对汉制的否定，言过其实，而自己的改革却不能尽如人意，往往还不及汉制。

（十）改度量衡

在战国时代，各诸侯国都有自己的度量衡。秦统一中国以后，秦始皇着手统一度量衡，这样有利于文化交流、商品贸易以及交通运输等。汉承秦制，没有改变。

汉武帝时代，外事四夷，拓疆扩土，周边增加了许多郡，都是秦统一领土之外的地方。这些地方也都有自己的度量衡，又与周边地区相互影响，使全国范围内的度量衡出现混乱，极不统一。而汉朝廷没有做这种统一工作。所以，到了新莽时代，度量衡的统一工作就成为一件十分迫切的事情。

汉平帝时期，刘歆负责统一度量衡的工作。王莽时代，刘歆是国师，他所统一的度量衡就成了新莽时代的度量衡。班固的《汉志》里记载的就是王莽改制后的度量衡。

据王国维说，始建国元年（公元9年），王莽曾将一种量器颁行天下，共一百余件。以此器为标准，天下度量衡又一次得到完全统一。这一百余件量器，后来逐渐散失，历史上又多次发现。今存故宫博物院坤宁宫的是一件完好的量器，王国维称为"新莽嘉量"。王莽时代的度量衡标准器，只有新莽嘉量是完整的原器，度与衡的标准均已破损残缺。不过，今人可以根据现存实物和史书记载研究出新莽时代的度量衡全部定制。

新莽嘉量中央是一个大圆柱体，近下端处有底，底上为斛量，底下为斗量。两边还有两个小圆柱体：一个小圆柱体，底在下端，为升量；另一个小圆柱体，壁甚厚，底在中间，底上为合量，底下为龠量。这个量器，向上是斛、升、合，向下是斗、龠，共五个量。这五个量内均为圆形，但径长多少却没有说。

在斛上铭文中记载，斛深一尺，斛内圆容一边为一尺的正方形，正方形四角与斛内壁不直接，略有空隙。这样，尺的标准就

可以推算出来了。十尺为丈，十丈为引；尺的十分之一为寸，百分之一为分。尺的标准确定以后，分、寸、尺、丈、引五度也就可以确定了。

《汉书·律历志》说嘉量"其圆象规，其重二钧"，新莽嘉量重量的一半就是一钧，钧的标准确定以后，根据"二十四铢为两，十六两为斤，三十斤为钧，四钧为石"，铢、两、斤、钧、石五权的标准量也就可以确定了。

因此，发现新莽嘉量原器，在中国度量衡史上意义重大，整个中国度量衡实制，几乎都可以由此

器证实。

据刘复推算的结果，新莽的一尺为 23.08864 公分；新莽的一升为 200.63492 公撮；新莽的一斤为 226.6666 公分（克）。按古代货币来校验重量也是一种可供参考的方法。用新莽时代的货币平均重量，计算得出一斤为 218.794 公分（克），比嘉量所推算出的值要小一些。可能由于货币在商品交换中不断流通、磨损，而嘉量则不磨损的缘故。

新莽所流传下来的度量衡标准器并不多，而它的影响却不小。度量衡于始建国元年颁给各郡国，起了统一度量衡的作用，后来，虽然标准器散失不存，而当时统一了的定制却已在民间流传、应用。东汉仍然采用新莽时的定制。

王莽度量衡改革影响很大，基本上奠定了中国以后两千多年的度量衡制度的格局。这就是王莽改制中影响最为深远的一项内容。

（十一）仿周礼乐

新朝建立以后，王莽是言必称三代，事必据周礼，将所有的政令、制度、设施、改革方案，从王田奴隶政策、五均六管之法，到爵位、官制、礼乐，总而言之，一切言谈举止，都搞得古色古香，下决心给全国臣民百姓以唐虞再世、文武周公复生的感觉。

始建国四年（公元 12 年）二月，王莽亲至明堂，演出了一场授茅土的滑稽剧。他以《尚书》《周官》《诗》等儒家经典为依据，制定出一个地分九州，爵有五等，裂地分封，授爵授茅土的办法，这在前面的创新禄制一节已经谈过。王莽的这套把戏，是用理想化的周代分封制度欺骗他的臣僚，让他们在对未来的土地、领户与财富的向往中望梅止渴，来一番自我陶醉。

王莽做皇帝以后，对制礼作乐特别感兴趣。因为在他看来，礼与乐更多的体现在形式上，最容易给人耳目一新的感觉。王莽登基时，就对新朝的正朔、服色做了与汉朝相区别的规定。只因为礼乐制度涉及的范围太广，他一时还来不及对汉朝的礼乐制度实行全面的改定，只能急用先改，对某些礼乐如朝礼做

了部分变革。天凤元年（公元 14 年），王莽打算行巡狩之礼，虽然没有实施，但制定了一套巡狩之礼。第二年，他又纠合了一帮公卿大夫、文人学士"制礼作乐，讲合《六经》之说"，进行全面的、大规模的制礼作乐。

据《汉书·王莽传》记载，天凤六年（公元 19 年），"初献《新乐》于明堂、太庙"。地皇三年（公元 22 年）正月，九庙建成，王莽举行谒庙大典，乘六马拉的华盖车，着五彩毛龙文衣，元戎十车在前引导，这表明已有了祭祀祖庙的礼乐。其他礼乐情况，已不清楚。尽管当王田奴婢政策改革失败之时，农民起义的烈火已经在某些地区点燃，然而王莽对制礼作乐却倾注了前所未有的热情。因为他有一个坚定的信念，即礼乐定则天下平，礼乐兴则万民化。可是，这帮颇具儒学素养的公卿大夫从早到晚，议来论去，连年不决，礼和乐都难产。大概终至王莽去世，新朝完整的礼和乐也没有制定出来。

五、人祸天灾

改制的失败,上层的内讧,吏治的腐败,人口的膨胀,以及水旱之灾不断地袭来,使得王莽的"新朝"成了人间地狱。

(一) 大厦将倾的预兆

王莽获取至尊权位虽有其卑劣的一面,但也是当时社会发展的必然结果。

其一,自汉高祖建国以来,长期实行仁政分权、休养生息政策。然而,长期宽松的政治经济政策使民间富豪滋生。土地兼并、贫富差距等问题日渐严重,也使得刑律疏松、权力分散,动辄出现内乱分裂,外敌侵扰不断,为汉王朝埋下了自此日衰的隐患。

其二,自吕后始世代沿袭外戚侵权、后宫干政的政策,到元帝时已愈演愈烈,积重难返。而王莽任大司马时,汉室连续出现幼主即位,大司马从辅政到摄政,直至"居政"乃势所必然。

其三,自汉初始,迷信之风,从董仲舒的"天人感应"到西汉中后期的符瑞、灾异等,为王莽炮制谶纬篡权提供了社会思想基础。

最后,宫廷、皇帝与外戚荒淫奢侈,财政极端困窘,社会矛盾极其尖锐。可谓"汉室气数已尽矣"。

面对这样病入膏肓的社会,王莽纵有补天之才,怕也无回天之力了,失败似乎已在前方等待他了。

(二) 不依现实的改革

在中国,自从秦始皇建立专制主义中央集权的行政体制后,郡县制就是比较符合国情的地方行政体制。王莽却要全面恢复西周的分封制，实在是一种历史的大倒退。按王莽设计的五等爵位制，将有诸侯之员一千八百人，每人万户，将需一千八百万户分封给他们。这已经超过当时全国的总户数，更不用说还有侯、伯、子、男领有的户口了。

王莽时代，一夫一妇受田百亩的规定是无法兑现的。据《汉书·地理志》记载，哀帝元寿二年全国共有一千二百二十三万三千零六十二户，已垦土地为八百二十七万零五百三十六顷，户均不足六十八亩，即使全部土地都按户均分，也无法达到这一规定。

王莽的五均六管政策，实行的结果证明它是一个以聚敛财富为目的的搜刮政策，经济秩序更加混乱。王莽的货币改革，违背了货币发行与流通的客观规律，只能以失败告终。

(三) 贤愚共舞的朝堂

王莽执政期间的人才使用情况，充满了混乱和任人唯亲等现象，以服从己意为近乎一切的标准。

新朝的朝堂，有儒学大师刘歆；也有靠投机爬上高位的军政骗子哀章；有除了忠心毫无才能的甄邯、王巡、王邑等人；也有凭借关系损人利己的甄丰父子；有背弃儒学信仰追逐富贵的崔发；也有不明不白地被抛向政治顶峰却又不由自主地被牵连进谜案而死去的王兴。

在王莽的官僚队伍中，委以重任的不是那些头脑清醒、颇具政治军事才能的优秀人物，而是一些投机取巧、投其所好的奸佞之辈。王莽就是带领着这样一批骗人又骗己的人物，进行了中国历史上最荒唐的一次改革，最终使自己的王朝走向了灭亡。

(四) 接连不断的天灾

如果真有天人感应的话，那么也许是王莽的倒行逆施激怒了上天，抛开他坐上皇帝宝座之前的情况不谈，单是他称帝之后，自然灾害就开始日甚一日地袭击已满是伤痕的王朝。

王莽称帝的第一年，即始初元年，"春，地震，大赦天下"。

始建国元年，"真定、常山大雨雹""冬，雷，桐华"。

始建国三年，"天下遭阳九之厄（旱灾），比年饥馑""濒河郡蝗虫生""河决魏郡元城（今河北省大名附近），泛清河以东数郡"。

天凤元年，"四月，陨霜，杀草木，海濒尤甚。六月，黄雾四塞。七月，大风拔树，……雨雹，杀牛羊""缘边大饥，人相食"。

天凤二年，"邯郸以北大雨雾，水出，深者数丈，流杀数千人"。

天凤三年，"春，二月，乙酉，地震，大雨雪，关东尤甚，深者一丈，竹柏或枯"。

天凤四年，"枯旱、蝗虫相因"。

……

在那个半靠天半靠人的农业社会里，如果天不随人愿，只要能尽人事，即使灾害肆虐，社会也不会陷到不可挽救的绝境；但是，天灾加上人祸，那就只能是祸国殃民的浩劫了。

六、新朝丧钟

在天灾和人祸的双重蹂躏下，臣民百姓再也不堪忍受了，各种反叛势力接踵而来，撞击着摇摇欲坠的新朝统治。

(一) 烽烟四起

在王莽由居摄到篡汉的一段时期内，即从居摄元年（公元6年）到天凤三年（公元16年）间，反对王莽的，主要是原汉朝宗室贵族和拥刘派的官僚地主。

贵族为了争夺利益而起兵，一直安顺的百姓也由于难以忍受社会的黑暗，纷纷揭竿而起。

居摄二年，从茂陵以西至汧县（今甘肃陇县）三百多里包括二十三县的广大地区，几乎同时爆发了反对王莽的农民起义。经过一番激烈的战斗，起义军被镇压了。

始建国三年，不少地方的农民由于忍受不了因对匈奴战争而进行的大规模征发，"弃城郭流亡为盗贼"。到天凤二年，做了盗贼的农民逐渐会合成多路起义军，在五原（今内蒙古包头一带）、代郡（今河北代县一带）对王莽的官军发动进攻。

天凤元年，在濒海的琅琊郡海曲县（今山东日照）爆发了吕母领导的起义。这支军队多次取得胜利。

天凤四年，临淮（今江苏省泗县附近）瓜田仪起义，在东南地区展开了坚持数年之久的反对王莽的武装斗争。

天凤四年时，绿林山附近饥荒严重，王匡、王凤趁机鼓动起义。地皇二年，起义军与官军激战云杜（今湖北京山），官军惨败。地皇四年，起义军建立更始政权，与王莽政权遥相对立。

天凤五年，琅玡（今山东诸城）人樊崇聚众百人起义。后来，齐鲁大地的各路起义军纷纷投到樊崇部下，起义军逐渐壮大。地皇二年，王莽派军镇压，官军遭受很大损失。这支起义军的战士将眉毛染成红色，这就是历史上赫赫有名的"赤眉军"。

全国性的起义如洪波奔涌，从各个角度冲击着王莽的统治，这预示着王莽和他的新朝的末日已经到来了。

（二）众叛亲离

王莽的政权在声势浩大的起义的打击下风雨飘摇，其内部的危机更是不断加剧。王莽对身边人越来越不信任，其他人对王莽也逐渐失去了信心。臣子的离叛事件一天比一天增多，王莽的儿孙更是觊觎着皇位，妄图取而代之。

始建国二年，发生了甄丰父子的谋叛案，数以百计的中央和地方官员因牵进该案而遭诛杀。

地皇二年，魏成大尹李焉与其卜者王况策划了一起诛杀王莽、取而代之的密谋。不料奸细告密，李焉等人被诛杀。

地皇四年，三辅地方爆发了反对王莽统治的起义。王莽的重要爪牙王涉、备受冷落的刘歆、大司马董忠合谋了这次宫廷政变，打算杀掉王莽，向更始政权投降。此次密谋被告密，王莽在惊慌之余部署了秘密诛杀。

朝堂的事令王莽焦头烂额，家里的事更让他痛心疾首。

天凤五年，王宇的儿子王宗，制造了自己代替王莽做皇帝的符命，被王莽发现后，王宗自杀。王莽还把这

次牵连在内的人全部杀掉，其中包括王宗的姐姐王妨及其丈夫王兴。

地皇元年，王莽以王路堂被毁为借口，废除了早有异心的太子王临。地皇二年，王莽妻子病危，王临不被允许进京探视，只得写了一封书信诉说自己的苦闷。不料信落到了王莽手里，于是王莽逼王临饮药自杀。

王临死后不久，王莽的另一个儿子，新迁王王安也病死了。

这样，王莽正妻所生的四个儿子皆已死去，加上做了平帝皇后、早已守寡的女儿和被杀的孙子、嫁给废人孺子婴的孙女，王莽可谓是孤家寡人了。

（三）莽帝陨落

面对铺天盖地的讨伐呼声，王莽还在自欺欺人地上演政治骗局，结果只是徒劳。

起义军所到之处，地方官员纷纷缴械投降，王莽只得派重兵守卫常安城门，却也无法阻挡凌厉的攻势。

地皇四年（公元23年）十月一日，起义军攻破了常安城东北的宣平门，此时只剩下王邑等一帮最忠实的党徒还在为王莽卖命，进行着无望的抵抗。十月一日，起义军进入皇宫，放火焚宫。十月三日，王莽见宫中无法保全，就逃到了渐台一个池水环绕的小岛进行最后的挣扎。最后，王莽党徒矢尽援绝，王邑父子、王巡等人，都死在了起义军的刀下。王莽一个人躲进了渐台上一间小房子里，有个叫杜吴的人冲进这间房子，一刀结果了王莽的性命。王莽死后，他的头被割下，人们互相投掷，舌头被人切下来生吃了，身体也被砍烂了。即使这样，也难解人们心头之恨。

一个辉煌一时、忙于改制的皇帝，就这样结束了传奇的一生。

七、王莽评说

王莽是中国封建社会历史上第一个用篡政的办法窃取皇位的人,他的篡位是对封建正统世袭制的挑战。这样一位叱咤风云的人物,生前身后,总会引来各种评说,有褒赞,也有谩骂。

(一) 前人评王莽

在王莽刚当上宰衡的时候,扬雄就说,自周公以后,作为臣子还没有像王莽这样美德的人;对于王莽的改制,扬雄也看作是"美新"。扬雄死于王莽大败之前,所以留下这样的称颂,也是正常的。

桓谭认为王莽失败的原因在于他不识大体、残酷和迷信鬼神。桓谭亲眼看到王莽从兴盛到衰亡的全过程,结合历史经验,能够评价得比较客观。

王充引用邹伯奇的话,说:"桀、纣之恶不若亡秦,亡秦不若王莽。"王充生在东汉初年,从小就在骂王莽的社会中成长,自然要说王莽坏。

班固写《汉书》时,没有给当了新朝皇帝的王莽立"纪",在列传中,王莽排在最后,这种倾向是十分明显的。但在《王莽传》里,班固虽然说王莽可恶,但对他在篡汉之前的善良表现,还是一一记载,并不因为后来败亡而完全否定。

司马光的《资治通鉴》虽是一部严谨的历史著作,但对王莽的评价却承袭了《汉书》的基本倾向,并且丰富史料,把王莽"乱臣贼子"的形象进一步强化了。

王夫之在《读通鉴论》中,从人心与风俗的变化探索王莽篡汉成功的原因,显示了不凡的眼光。但在"乱臣贼子"这一点上,王夫之没有进步。

……

封建社会的思想家和史学家对王莽的观点虽并不完全一致，但都是从封建道德出发作出的道德评价。

胡适认为王莽是一个"社会主义者"、一个空想家和无私的统治者，他的失败是因为他的思想和政策太超前了。

范文澜从马克思主义学说出发，认为王莽是用欺骗的方法来解决问题，得出的是对王莽否定的结论。

翦伯赞对王莽作了基本肯定的评价，认为从王莽大胆进行改良就可以看出，他是历史上最有胆识的政治家。

郭沫若对王莽采取了全盘否定的态度，认为王莽的一系列政策，不但没能稳定秩序，反而使人民更加苦难，阶级矛盾更加激化了。

(二) 盖棺难定论

王莽的反对者认为王莽篡汉的行为卑劣，改革把社会弄得更加混乱；王莽的支持者认为王莽是伟大的改良家，改革的失败是有深刻的历史原因的。

最近十多年来，我国学术界在王莽的评价问题上的争论仍在继续。王莽建立新朝是外戚篡权还是顺应历史潮流，王莽改制是复古倒退还是改革创新，王莽是改革家还是野心家等问题，都在热烈的讨论中。

随着社会的发展，人们的学术视野将进一步开阔，视角将逐步转换，研究方法也将不断更新，人们对问题的认识必将层层深化，论点也会推陈出新。因此，对王莽的学术争论还会长期地继续下去。

洋务运动

  19世纪中期的清王朝危机四伏。面对内忧外患，一些有识之士认识到了现代工业和科学技术的重要性，也认识到了我国与西方列强在现代工业和科学技术方面的巨大差距，于是以奕䜣、曾国藩、左宗棠、李鸿章等人为代表的一些朝廷重臣开始主张向西方列强学习，实行了一场轰轰烈烈的自救改革运动——洋务运动。

一、内忧外患的清王朝

19世纪中期的清王朝已经危机四伏。规模宏大的太平天国运动席卷了大半个中国,沉重打击了腐朽不堪的清王朝。第二次鸦片战争的失败使中国半殖民地半封建社会的程度进一步加深。面对内忧外患,一些有识之士认识到了现代工业和科学技术的重要性,也认识到了我国与西方列强在现代工业和科学技术方面的巨大差距,于是以奕䜣、曾国藩、左宗棠、李鸿章等人为代表的一些朝廷重臣开始主张向西方列强学习,实行一场自救改革运动。洋务运动涉及军事、政治、经济、外交等方面,直至中日甲午战争中国失败而宣告结束。历时三十多年的洋务运动,其成败得失、是非功过一直为后人关注。

"当一个个屋顶倾塌下来的时候,四面墙垣的烈火也渐渐弥漫,喷出大大的、一卷一卷的浓烟。我们想,对于这个帝国的命运,这是表示一种悲惨的预兆,它内部的基础已为自相残杀的内战销毁残蚀……结果四面被包围着,无处求救,最后喷出一口浓烟,服服帖帖地降服,迷失在它从前的烟雾里……殷红的火焰映在纵火军队的面庞上,使他们看起来仿佛恶魔一般。虽是毁坏他们所不能恢复的东西,却洋洋自得,觉得很光荣……号称'天子'的宫殿,现在充满了中国最贵重的一切物品的残屑零片。"这是一位目睹英法联军抢劫、烧毁圆明园的英国翻译的评述,真实地揭示了大清帝国在西方侵略者的铁蹄之下无以抗争的凄楚状况,同时也预示着清王朝的丧钟已经敲响。

(一)内忧——太平天国运动

鸦片战争后,丧权辱国条约及随之而来的西方经济侵略引起国人的强烈不满,中国社会矛盾空前激化。战时军费和对外赔款全部转嫁到广大农民和其他生产者身上。加上各级官吏的层层盘剥和地主阶级的摊派,农民的实际负担远远超过明文规定的纳税额。再加上白银大量外流、银价上涨及连年水旱灾害,人民生活境况极端悲惨。1846年1月,两广总督下令张贴开放广州城的布告时,引起民众暴动,知府衙门被反对媚外官吏的民众烧掉。迫于民情激愤,英方不得不同意清廷延缓两年开放广州。1850年，沙俄不断侵扰黑龙江地区，各地农民暴动频繁。1851年1月11日（咸丰元年），爆发了广西金田起义。中国进入了旷日持久的内战，清朝当局先后与南方太平天国、北方捻军、甘陕叛军大战。其中太平天国把中国历史上的农民运动推向了最高峰。在洪秀全的领导下，太平军势如破竹，很快占领永安。清廷虽然调集50万八旗子弟和绿营兵勇构筑"江北大营"和"江南大营"进行围剿，都无济于事。1852年年底，太平军连续攻克汉口、汉阳、武昌，队伍发展到50万人。1853年春，太平军分水陆两路沿长江东下，于3月19日占领了南京。洪秀全把南京改名为天京，作为太平天国的都城。

定都天京后，太平军分兵实行北伐和西征。起义军直逼清王朝的政治中心，并控制了湖北东部和江西、安徽大部地区。不久，太平军在天京外围又击破了清军江南大营、江北大营，太平天国在军事上达到全盛时期。太平天国运动是中国近代史上规模巨大、波澜壮阔的一次伟大的反封建反侵略的农民运动，势力席卷大半个中国，建立了政权，动摇了清王朝的统治。在太平天国运动风起云涌之时，早就活动在安徽、山东、河南一带的农民秘密组织捻军成为太平天国在北方的友军，他们活跃在淮河南北，直至山东、河南，逼近清朝心脏地区。

（二）外患——第二次鸦片战争

正当清政府为镇压农民起义而疲于奔命时，西方侵略者又加大了侵略步伐。鸦片战争的失败以及一连串不平等条约的签订，使中国部分主权遭到严重的破坏，鸦片战争开启了之后百年饱受西方帝国主义侵略的历史。侵略者们不满足已经取得的特权和利益，蓄意加紧侵犯中国主权，扩大在华市场，进行经济掠夺。1854年，英国向清政府提出全面修改《南京条约》，要求中国全境开放通商，鸦片贸易合法化，进出口货物免交子口税，外国公使常驻北京等。法、美两国也分别要求修改条约，清政府则予以拒绝。1856年，美国在英、法的支持下，再次提出全面修改条约的要求，仍被清政府拒绝。于是，西方列强决心对中国发动一场新的侵略战争。在俄、美支持下，英、法两国借口"亚罗号事件"和"马神甫事件"于1856—1860年（咸丰六年至十年）联合发动了侵华战争，因为这场战争的实质是鸦片战争的继续和扩大,历史上称之为"第二次鸦片战争"。

英法联军相继占领广州、到达天津,迫使清政府派出了以大学士桂良、吏部尚书花沙纳为代表的交涉团前往天津议和。1859年6月26日和27日,分别与英、法签订了《天津条约》。而美、俄两国则在此之前就分别与清政府签订了《天津条约》。这些条约规定了公使驻京、增开商埠以及赔款等内容。此外,俄国还趁火打劫,在当年5月底迫使黑龙江将军奕山签订了《中俄瑷珲条约》,割去了黑龙江以北60多万平方公里的领土,还特别规定:两国派员查勘"以前未经定明边界",务必要在明确界限后补充到这个条约中,从而为沙俄进一步掠夺中国领土埋下了伏笔。《天津条约》签订后,英法联军撤离天津,沿海路继续南下。咸丰帝此时对条约内容又感忧虑,令桂良等在上海与英、法代表谈判通商章程时,交涉修改《天津条约》,取消公使驻京、内地游历、内江通商等条款,并设法避免英、法到北京换约。11月,桂良等与英、法、美代表分别签订了《通商章程善后条约》,规定:鸦片贸易合法化;海关对进出口货物照时价值百抽五征税;洋货运销内地,只纳2.5%子口税,免征一切内地税;聘用英国人帮办海关税务。但是,英法方面均不容变更《天津条约》的各项条款,并坚持要在北京换约。

1859年6月24日英法联军再次突袭大沽炮台,并在10月6日进入北京,闯入圆明园,在大肆抢劫之后,将圆明园烧毁。大火连烧3天,烟雾笼罩北京全城,北京陷落。咸丰帝令其弟恭亲王奕䜣留守北京,负责求和事宜,自己仓皇逃往热河(今河北承德)。10月24日和25日,中英、中法《北京条约》签订;11月14日,中俄《北京条约》签订,割占中国领土40万平方公里。至此,第二次鸦片战争结束。中国再次损失了大量主权和领土,英国进而割占九龙司地方一区,而沙俄割占中国一百多万平方公里土地,使中国领土完整进一步受到破坏。而外国公使进驻北京的规定,更为外国侵略者直接控制清政府准备了条件,中国向半殖民地道路又前进了一步。第二次鸦片战争后,中国增开了包括天津在内的11处通商口岸,使外国侵略势力从东南沿海扩展到整个沿海,从沿海深入到内地。还有对外国人、外国船的特殊规定,使侵略活动更加有恃无恐。其中,鸦片贸易合法化、华工出国及允许外国人前往内地传教,都使中国半殖民地化程度进一步加深,中国的社会矛盾更加激化。

二、晚清政局的变化

内忧外患使清王朝处于生死存亡的时刻。为了自身的存在和发展,晚清统治集团不能不正视现实、痛定思痛,寻求新对策。对外,不惜以最大代价尽快结束战争,换取暂时的和平。面对残暴的侵略者,晚清统治集团深感无力抗衡,不得不屈从于列强的无理要求,不

惜出卖大量权益进行妥协,迅速签订《北京条约》,以此为代价换取了中外关系的暂时缓和,使清王朝得到喘息。对内,尽可能维护和加强封建君主专制体制,维系封建统治集团内部的关系,巩固和加强国家机器的统治,由此导致了晚清政局的变化。

(一) 总理衙门的建立

鸦片战争前,清政府认为同外国关系仅是"理藩而已,无所谓外交也"。外国使臣来华,都由理藩院或礼部接待。鸦片战争后,由两广总督专办与欧美国家的交涉,并赐予钦差大臣头衔,称为"五口通商大臣"。《天津条约》和《北京条约》相继签订后,各国相继在中国设立使馆、派驻使节。他们为控制清政府,不愿意以"蛮夷"的身份同带有封建衙门习气的清政府的外交机构"理藩院"打交道,同时认为地方总督无权处理涉外事务,多次要求建立专门机构。而清政府与英、法等国签订《北京条约》后,对外交涉事务增多。恭亲王奕䜣、大学士桂良、户部左侍郎文祥等联名奏请在京师设立总理各国事务衙门,接管以往礼部和理藩院所执掌的对外事务。1861年1月20日咸丰帝批准成立总理各国事务衙门,简称"总理衙门"。

总理衙门是清政府为办洋务及外交事务而特设的中央机构。由亲王或军机大臣统领,并按军机处体例,设大臣、章京两级职官。总理衙门刚设立时,奕

䜣、桂良、文祥三人为大臣，此后人数略有增加，从七八人至十多人不等，其中奕䜣任职时间长达28年之久。总理衙门主管外交、通商及其他洋务事宜，它下设英国、法国、俄国、美国、海防五股，同文馆和海关总税务司署是其附属机构。还管辖南洋通商大臣和北洋通商大臣，选派出国公使等，也有自己的银库。其中，英国股主办与英国、奥地利两国交涉事务，兼办各口通商及各关税事务等事；法国股主办与法国、荷兰、西班牙、巴西四国交涉事务，兼办管理保护教民及招用华工等事；俄国股主办与俄国、日本两国交涉事务，兼办陆路通商、边防疆界、外交礼仪、本衙门官员的考试任免、经费开支等事；美国股主办与美国、德国、秘鲁、意大利、瑞典、挪威、比利时、丹麦、葡萄牙交涉事务，兼管海防设埔、保护华工等事；海防股主办南北洋海防，包括长江水师、北洋海军、沿海炮台、船厂以及购置轮船、枪械、制造机器和置办电线、铁路、矿务等事。中日甲午战争后改名日本股。总理衙门最初主持外交与通商事务，后来涉及外交及与外国有关的财政、关税、军事、教育、矿务、交通、邮电、同文馆等，无不归该衙门管辖。总理衙门存在了40年，直到公元1901年（光绪二十七年），据清政府与列强签订的《辛丑条约》规定，总理衙门改为外务部，但在六部中地位仍是最高的。

总理衙门记录了19世纪末日薄西山的大清帝国与欧美各列强进行外交周旋的全部过程。特别是改名为外务部后，其具体职责基本相同，但已经成为晚清政府最重要的决策机构之一。在总理衙门之下，分设北洋、南洋通商大臣，南北洋大臣为专职，在业务上是相对独立的，与总理衙门的关系是平行的，兼办海防和其他洋务。在遇到疑难问题时，可与总理衙门协商，由总理衙门备顾问并代奏朝廷。随后，正式成立总税司署，由英国人李泰国为总税务司。总税务司掌管了中国海关的业务和人事大权。1863年李泰国离任回国，由英人赫德继任达40多年。从某种程度上讲，总理衙门的成立是洋务运动开始的更重要标志。此后，列强从自身利益出发，改变对华策略，由"打"变"拉"——有的馈赠洋枪洋炮，有的愿派教官帮助训练清军，有的甚至要主动出师帮助清廷剿杀太平军，企图用各种手段扶持这个摇摇欲坠的反动政权以使刚刚签订的条约尽快得到兑现。清王朝则批准由奕䜣代表总理衙门提出的"外敦信睦而隐示羁縻"的方针,力图"以和好为权宜,战守为实事",利用暂时和缓的国际环境加强抵御外侮的力量。

(二) 辛酉政变

第二次鸦片战争刚结束,1861年8月咸丰帝病死在热河,他的妃子那拉氏(慈禧)勾结恭亲王奕䜣等人在英国驻北京公使的支持下,密谋策划,发动了辛酉政变,夺取了清政府的最高权力。从此,在那拉氏垂帘听政的近半个世纪里,由于她执行了"量中华之物力,结与国之欢心"的卖国路线,使中国越来越深地陷入灾难重重的黑暗深渊。

辛酉政变是清朝最高统治集团的政治斗争,其结果使得清政府的权力格局发生了重大变化。咸丰帝在位时,咸丰帝与其弟恭亲王奕䜣,因皇位继承问题彼此不和。奕䜣遭到罢斥,咸丰帝转而重用肃顺。肃顺精明强干,但为人专横跋扈,排斥异己,权欲很强,他与怡亲王载垣、郑亲王端华等人结党操纵朝政。肃顺等人常以除弊为名,屡兴大狱,株连百官,结果不仅未能制止官场上的腐败现象,反而闹得众怨鼎沸、人人自危,使自己处于孤立的境地。奕䜣被咸丰帝调离军机处回上书房读书,几乎断绝了其在政治上发展的可能。

1860年9月当英法联军攻陷北京之际,咸丰帝在出奔热河前,任命奕䜣为钦差大臣,见机行事,负责和列强谈判。这似乎恢复了奕䜣的政治地位,给人委以重任的印象。但事实上,奕䜣在北京主持政务,不但受到排挤,更像咸丰帝抛弃其他臣民一样,将自己的弟弟——长期以来的一个潜在对手,留给洋人处理了。但结果竟事与愿违。随着客观形势的变化及奕䜣的政治才能的发挥,他不仅成功地完成了与列强的谈判,而且赢得了留守京城的王公大臣(如大学士桂良,协办大学士、户部尚书周祖培,吏部尚书全庆及潘祖荫、宋晋等人)及僧格林沁、胜保等统兵大员的

好感，树立起自己的威信。通过签订《北京条约》和处理一系列善后事项，奕䜣开阔了眼界，改变了"华夷"等传统僵化的观念，也因而获得了外国人的好感。英法联军撤出北京后，奕䜣等人一再奏请咸丰帝回京，肃顺等人却极力阻挠。这样，在清朝中央实已形成了热河和北京两个权力中心。

1861年8月22日，咸丰帝病逝，年仅6岁的皇子载淳即位，改年号为"祺祥"。咸丰帝留下遗诏：命载垣、端华、肃顺、景寿、穆荫、匡源、杜瀚、焦佑瀛八人为顾命大臣，总摄朝政，辅佐幼小的皇帝。八大臣执政完全把留守北京的奕䜣排斥在外，又不许慈禧太后干预政事，终使清朝最高统治集团内部的权力斗争激化起来。慈禧是一个权力欲极强的女人，想乘载淳年幼夺取最高权力，她把东宫太后慈安拉到自己一边，又暗中联络在京的奕䜣。奕䜣在取得外国势力的支持后，借奔丧之名，前往热河，与慈禧密谋政变，而后又立即返京进行布置。在两宫太后的催促下，八大臣被迫同意带着咸丰灵柩回北京。10月26日，两宫太后带着小皇帝载淳启程回京，肃顺护送咸丰帝灵柩在后。11月1日慈禧等人抵京。次日即发动政变，八大臣在政变中失去了一切。载垣、端华被赐死，肃顺被处斩立决，至于景寿等五人被革职。而八大臣的心腹——大批中央政府官员被革职。同时，宣布"两太后垂帘听政"，命奕䜣为议政王，掌管军机处。桂良、文祥、沈兆霖、宝鋆、曹毓瑛等人也被任命为军机大臣。这一政变因发生在农历辛酉年，因此被称为"辛酉政变"，也称"北京政变"或"祺祥政变"。而后又改年号"祺祥"为"同治"（同治年号的来历，有两种说法：一是取开国祖宗"顺治"年号，以示吉利；二是说两宫太后共同治理天下，或者说是母子共同掌权）。

辛酉政变是一场由清王朝内外矛盾的激化和最高统治层内权力斗争而演变成的宫廷政变。政变者由于得到多数文武大臣的支持，又采取了不株连的明智政策，在政局没有发生重大动荡的情况下完成了权力的移交。慈禧、奕䜣上台后，继续依赖曾国藩的湘军镇压太平天国。在对外问题上，她（他）们改变了道、咸两朝和战不定、疑惧重重的政策，实行以和为主、保持中外"和局"的新政策。慈禧在处死载垣等人时，特别把"不能尽心和议"列为罪状，显然意在讨好外国侵略者。西方列强对政变的结果表示满意。英国公使普鲁斯向国内报告说：这次政变的结果对我们英国十分有利。英国在中国办的《北华捷报》也写道："我们要比以往任何时期都更有必要去支持帝国的现存政府。"辛酉政变的全过程充斥着宫廷阴谋与统治者对权力再分配的欲望。但是，实质上是新兴政治集团对顽固守旧力量的胜利。"辛酉政变"后，慈禧太后夺取了清政府的最高统治权力。从那时起，她统治中国达半个世纪之久。恭亲王奕䜣在政变中起了至为重要的作用，政变成功后，奕䜣成为议政王大臣并掌管军机处、总理各国事务衙门、内务府、宗人府等要害部门的实权，在中央政权中发展起自己的势力，逐渐成为清政府的决策人物。清政府中央权力结构的这一变化，对中国的政治格局产生了重大影响，清王朝实现了与西方列强的"合作"。

（三）"借师助剿"

1861年下半年发生了四件大事。8月22日咸丰帝病死，9月5日湘军攻陷安庆，11月2日北京辛酉（祺祥）政变，12月9日太平军攻占宁波。它们像催化剂一样，促使了影响晚清政局的重要事件"借师助剿"的实现。咸丰帝作为清王朝最高统治者，他对西方的态度是和战不定。咸丰帝曾在相关奏折中批示，借助西方蛮夷各国力量剿灭太平天国这些匪寇，会有太多的弊病，千万不能贪图眼前的一时之利，而结果是后患无穷的。他所信任的肃顺集团对外国侵略者也心存疑忌。咸丰帝之死和辛酉政变消灭了肃顺集团，就排除了"借师助剿"的一大阻力。

辛酉政变成就了慈禧—奕䜣的权力组合，让"万国友人"感到放心和满意，因为新一届大清帝国中央政府非常乐意与他们合作。政变后，奕䜣和慈禧向外国侵略者表现出非常明显的"友好"姿态。对此，上海《北华捷报》预言："有利于外国在华权益的恭亲王掌握权力，我们有充分理由相信，不久，外国的代表将对北京政府发挥较大的影响。"新的当政者一上台，立即授权曾国藩统辖江苏、安徽、江西、浙江四省军务，并于1862年2月颁发"借师助剿"上谕。其实早在《北京条约》订立时，法、俄两国首先提出帮助清政府镇压太平天国的建议。法国专使葛罗表示："所有该国停泊各港口之船只兵丁悉听调遣。"俄使伊格那提也夫面见奕䜣表示,为镇压南方太平军,请清军从陆路进攻,"该国拨兵三四百名在水路会击,必可得手"。接着俄国把以前答应送给清政府的一万支枪、若干门炮运到中国。早在1854年就狂言"剿贼自任"的美国,现在则积极要求为清军运送漕粮。关于是否借用外兵问题,清廷进行了几次讨论,少数人反对,奕䜣等多数官僚表示欢迎"中外同心以灭贼为志"。与此同时,汇集在上海的买办官僚、大地主、大商人如吴煦、杨坊等,则加紧活动,支持洋人组织洋枪队。

"借师助剿"政策最积极的履行者是从曾国藩幕僚中脱颖而出、组织淮军的新任江苏巡抚李鸿章,也是最富有成果、得实惠最多的地方大员。1862年4月,李鸿章被朝廷调派去保卫上海,他与英法组成"中外会防局",决定上海由洋人防守,得到清政府的批准。李鸿章得到了洋人的财力和军事支持,英国人和法国人甚至组建了数千人的"常胜军"之类的雇佣军队伍赞助他建功立业。俄国也给清廷送来50门大炮和1万支枪,并直接派兵拦截进攻上海的太平军。各国"洋枪队"也鼎力相助,"借师助剿"成为清政府的国策。

三、洋务思想的形成和洋务派的兴起

（一）变局之下的分歧

鸦片战争前，中国是一个独立自主的封建国家。由于中国的自然经济占统治地位，外国商品难以进入中国市场。1840年，英国发动了侵略中国的鸦片战争。战争中，清政府迅速失败。英国强迫清政府签订《中英南京条约》，中国的主权独立和领土完整开始遭到破坏，从封建社会开始沦为半殖民地半封建社会。鸦片战争震撼了中华帝国，列强的坚船利炮冲开了清政府闭关自守的大门，中国面临着数千年来从未有过的强大敌人的挑战，沉睡的中国，有少数知识分子开始觉醒，一股"向西方学习"的新思潮萌发了。在学习西方先进科学技术和思想文化的共识下聚集起来的不同出身、不同地位的人们，形成了一股强大的政治势力——洋务派。洋务派是在第二次鸦片战争以后、特别是在镇压太平天国运动的过程中逐渐形成、壮大的统治阶级内部的一个政治派别。洋务派代表人物有在北京主持对外和谈的恭亲王奕䜣、文祥及镇压太平天国前线的主要将领曾国藩、左宗棠、李鸿章等官员。因为当时的顽固派的势力太强大，洋务派并不敢在中央明目张胆地进行洋务活动。当时顽固势力的总代表慈禧太后是很仇视洋务派的，并且很会耍手腕，奕䜣等官员并不敢轻易得罪她，所以总理衙门尽管是洋务运动在中央的推动机构，但却无法具体实施。

辛酉政变前，清朝最高权力掌握在咸丰及其亲信手中。咸丰即位之初正逢太平天国农民战争及各地农民和各族人民的反清起义，一时间，清朝政权处于风雨飘摇之中。正当清政府全力应付各地起义之际，外国列强又对中国发动了第二次鸦片战争。对清政府来说，这无疑是雪上加霜。咸丰等人对列强理所当然地产生了仇恨心理，在战争中总的来看是采取了强硬政策，或避或推或拖延，对列强的要求始终不愿

变革与改制

意答应，如有机会还组织力量进行抗击。而列强却毫不客气地攻陷广州、天津、北京，咸丰不得不带其亲信亡命热河。此时，他们对列强的仇恨心理便愈益加重。在这种背景下，咸丰自然顾不上考虑如何学习西洋的"长技"，他的仇外心理也成为他真正认识西洋"长技"的绝大障碍。留在北京与英法列强议和的奕䜣，他的思想要比跑到热河的咸丰及其亲信灵活得多。在与列强打交道的过程中，他传统的华夷观念发生了变化，认为英法等国"并不利我土地人民，犹可以信义笼络"，主张"外敦信睦而隐示羁縻"。他并不认为英法是大敌，而是把镇压人民起义作为当务之急，提出"灭发捻为先，治俄次之，治英又次之"的方针。等到他对西洋长技有所认识后又提出了他的"自强"之道："探源之策，在于自强。自强之术，必先练兵。"如何练兵？他认为"若能添习火器，操演技艺，训练纯熟，则器利兵精，临阵自不虞溃散"。这里说的"火器"是指洋枪洋炮。当然，这时对洋枪洋炮有所认识并主张为我所用的并不止奕䜣一人。在太平天国战场前线的两江总督曾国藩在1853年（咸丰十一年）就提出了"将来师夷智以造炮制船，尤为可期永远之利"的思想。可以说，在19世纪60年代初统治阶级内部已有一部分人开始具有向西方学习的洋务思想，奕䜣是这一部分人中地位最高的官员。尽管如此，奕䜣等人并不能左右当时清廷的方针政策，真正的决策者是具有很深仇外心理的咸丰。在这种形势下，洋务运动很难起步，即使能起步，也举步维艰。

（一）洋务运动起步

1861年在清廷内部爆发的"辛酉政变"则为实现这种局面提供了条件。1861年8月，咸丰帝死去。他去世前，已开始在对内对外政策上实行转移。不过，随着他身体的衰朽，统治集团内部觊觎最高权力的各派政治势力已开始暗中展开较量。咸丰帝去世后，5岁的幼子载淳继位。在封建专制时代，这意味着最高权力出现了真空。各派政治势力立即展开一场无情厮杀,最终被慈禧、奕䜣集团攫取了最高权力。奕䜣是咸丰帝的同父异母弟,天潢贵胄,位极人臣。他在北京主持与侵略者谈判的过程中,开始萌发借西法以自强的思想,并积极上奏请求实行。慈禧上台之初,既无从政经验,更无军政实力,对奕䜣倍加宠信,封为议政王,对他的建议则言听计从。因此,同治初年的政治与其说是两宫同治,不如说是慈禧与奕䜣同治,并在很大程度上向奕䜣倾斜。他们为巩固到手的权力,对政敌采取区别对待、分而治之的办法,对支持其上台和在各地各要害机构的官员则尽可能予以抚慰和利用,特别是对手握重兵活跃在镇压太平军前线的汉族官员则予以更大的权力,千方百计维持统治集团的稳定;另一方面则加速对太平军的围剿。正是在这种前提下,恭亲王奕䜣和曾国藩、李鸿章、左宗棠等人受到空前的重视与信任。他们在清廷的支持下,很快于1864年陷南京,镇压了以太平天国为中心的人民起义,稳定了晚清政局。

然而,洋务运动得以兴起的根本条件,在于清廷很大程度上采纳了洋务派利用时机借法自强的主张。在第二次鸦片战争和镇压人民起义的过程中,洋务派领教了没有洋枪洋炮的苦头和掌握洋枪洋炮的甜头,并将武器装备落后作为对外战争失败的主要因素。因此,对外战争一结束,他们立即主张"借师助剿",利用镇压人民起义的机会学习使用和仿制西洋船炮。洋务派的主张和实践适应了晚清统治集团在战败局面下御侮自强、复仇雪耻的愿望,主张将练兵、制械、加强海防、以图自强作为立国的"一件大事"。主持军机处和总理衙门的恭亲王奕䜣则多次上疏呼吁亟筹自强之策。1864年(同治三年),他接受李鸿章等人的建议,提出"治国之道,在乎自强,而审时度势,则自强以练兵为要,练兵又以制器为先"的论断。他强调说,"洋人之向背,莫不以中国之强弱为衡","我能自强,可以彼此相安,潜慑其狡焉思逞之计,否则我无可恃,恐难保无轻我之心,设或一朝反覆,诚非仓猝所能筹划万全。今即知其取胜之资,即当穷其取胜之术"。奕䜣等人的建议立即得到清廷批准。晚清中央和地方这种大体一致的认识和举措,显然为洋务运动的顺利兴起提供了较为适宜的政治条件。

(二) 洋务派形成与洋务运动兴起

洋务派遂得以冲破阻力，承担了他们从来没有承担过的责任，扮演了并不熟悉的角色，倡导和推动了以"自强""求富"为中心的洋务运动。他们研究了解西方情势，并提出模仿西法"师夷长技以自强"的呼声。辛酉政变之后，晚清政局剧变。两宫太后垂帘听政、恭亲王奕䜣辅政的制度建立了起来。由于慈禧地位尚未巩固，主要还依靠奕䜣的支持，议政王奕䜣权倾朝野。这时期，清政府的方针大计主要是靠奕䜣来拟定。在外交方面，奕䜣主要推行的是"中外和好、相安无事"政策，在此基础上"借师助剿"镇压农民起义。在内政方面则是大力主张兴办洋务，以图"自强"。由于有主张借法自强的奕䜣在中央秉政，谈论或筹办洋务再也无需偷偷摸摸了，全国从中央到地方谈论洋务的人多了，办洋务的人也多了。中央除奕䜣外，还有军机大臣兼总理衙门大臣文祥、桂良，地方上的封疆大吏曾国藩、左宗棠、李鸿章、沈葆桢、丁日昌、郭嵩焘等人都积极主张并从事兴办洋务。在他们的周围又都各自聚集了一批比较了解国内外形势、希望通过兴办洋务使中国达到富国强兵的开明知识分子。这样，在清朝统治阶级内部一个具有相当强大势力的政治集团——洋务派就形成了。

由于有奕䜣的倡导和支持，洋务派在同治初年的许多举措基本得到了清廷的支持。尽管奕䜣贵为当时的恭亲王，并且是总理衙门的主持人，而且中央以满族官员为主，但是洋务派的主要活动势力并不是他们，而是掌握地方实权的都督和巡抚。因为当时的顽固派的势力太强大，洋务派并不敢在中央明目张胆地进行活动。而曾国藩、李鸿章等人之所以敢逆龙鳞而顶风推行洋务运动，是因为经受了两次鸦片战争打击和太平天国运动及捻军的冲击，清朝统治者第一次感到了生存危机，而以镇压太平天国运动起家的曾国藩、李鸿章等人在镇压的过程当中亲身体验到了西方坚船利炮的厉害。所以他们决定学习西方的先进军事技术,加强自身的军事实力,企图以此来迅速地平定太平天国运动。他们不像顽固派那么冥顽不化,仇视一切外洋事物,而是愿意和外国人打交道,尽管目的是学习他们的军事技术;而西方人也希望清廷中能出现一批能和他们打交道的人,曾国藩等人的出现,使他们觉得自己的想法有了落脚点,所以把希望寄托在他们身上。被洋人吓破了胆的慈禧太后丝毫不敢得罪洋人,而曾国藩、李鸿章等人有洋人的撑腰,而且在镇压太平天国的过程中的确是功劳甚巨,慈禧太后保不定日后还得仰仗他们,所以并不敢对他们轻举妄动。更重要的是,慈禧太后也希望早日把太平天国运动镇压下去,维护、巩固自己的统治,而且她在夺取清朝最高统治权的过程中曾得到过西方国家的支持或默许,因此并不敢轻易得罪西方国家。因此,在洋务派的活动没有威胁到自己的利益时,慈禧太后对曾国藩、李鸿章等人的活动至少是采取了默许的态度。在慈禧太后的默许和奕䜣等权力派的提倡和支持下,洋务运动在全国范围内迅速兴起。

洋务派在得到慈禧太后的默许后,于19世纪60年代到90年代掀起了一场以"师夷长技以自强"为目的的洋务运动。洋务运动是指在"自强""求富"等口号下进行的一系列活动。主要是采用西方先进技术,创办了一批近代军事工业和民用工业,同时还进行了筹划海防、创办新式学堂、派留学生出国等活动,这也是洋务派的主张在经济、军事和教育等方面的具体表现。洋务运动的内容很庞杂,涉及军事、政治、经济、外交等,而以"自强"为名,兴办军事工业并围绕军事工业开办其他企业,建立新式武器装备的陆海军,是其主要内容。

洋务运动

四、洋务派与顽固派的论争

晚清统治集团原本都是顽固派,第二次鸦片战争结束以后,洋务运动兴起。洋务派是从顽固派阵营中分化出来的,两派维护和巩固封建统治的目的是基本一致的,但采用的手段和方法却迥然不同。洋务派主张向西方学习,引进西方科学技术;顽固派则坚持中国的封建传统,反对西学。两派最激烈的论争共有三次:第一次是1867年(同治六年),围绕着同文馆培养洋务人才应否招收正途出身学员问题的论争;第二次是关于派遣留学生的激烈争论;第三次是1883年(光绪八年)围绕着设厂制造船炮机器、筹备海防和建筑铁路问题的论争。

(一) 有关同文馆之争

奕䜣、曾国藩等人总结了鸦片战争以来对外交往的一些经验教训,指出,"和外国人打交道,必须先了解他们的情况,做到知己知彼。而要熟悉外国的政治、地理、历史和现状,就必须要精通它的语言,以至于不会受外国人的欺骗"。1862年,清政府批准了奕䜣的建议,在北京开办了我国近代第一所新型的外国语学校——京师同文馆。该馆最初只是以培养中国翻译人员为目标,只设立一些外文馆,如英文馆、俄文馆、法文馆等,以学习外国语言为主。后来,奕䜣建议增加天文、算学馆,招收30岁以下的秀才、举人、进士、翰林及科举出身的五品以下的官员入学,还希望延聘洋人教师。此建议一提出,就遭到了朝廷中一批守旧官僚反对,由此引发了洋务派与顽固派之间的第一场大论战。

顽固派官僚认为,招人学外语,聘请洋人为师已经是在胡闹,现在竟要一批经过科甲考试而走"正途"的人去学习外国的"奇技淫巧",这不仅会冲击中国的传统学术,而且还势必动摇士大夫、官僚安身立命的根基——"中学"(传统的儒家思想倡导的三纲五常、仁义礼智信)。他们抬出了"礼义廉耻""天道人心"和"用夏变夷"等封建教条,全面地反对学习"西学"。大学士倭仁认为:国家的指导思想应该是遵守"祖训",而不应该崇尚权谋;国家稳定的基础应该是人心,而不是什么技术、手艺。即使科学馆中出了有成就的人,也不过是懂点儿算数,自古以来就没听说过凭借一点数学知识就能够改变衰弱局面的,并危言耸听地说,如果用洋人当老师就会落入了洋人的圈套。顽固派攻击洋务派提倡"西学"是"捐弃礼义廉耻的大本大原",是"败坏人心",是"用夷变夏";甚至攻击侈谈洋务者是"祸国殃民",是"洪水猛兽"。对于顽固派的反对理由,奕䜣等人不以为然,嘲讽顽固派只会"空谈西方的不是,以此来骗取天下人的支持"。洋务派责问倭仁等人,既然把西方各国看作仇人,那就应该有卧薪尝胆的远大志向,发愤图强。恰恰相反,顽固派只会空谈道义,对于千疮百孔、危机四伏的现状根本没有任何现实意义。强烈批评倭仁等言论中的偏见和短见,并再三告诫说,想维持长久安定,就应学习西方先进技术来装备自己,以达"自强"。当时的西太后还离不开奕䜣的帮助,所以在这场论战中基本赞同奕䜣的主张。最后以奕䜣等人的获胜而结束这场争论。1867年,天文、算学馆举行招生考试,72人参加考试,录取30名,正式开馆。但所录取的30名,半年后经复试后仅留下10人并被并入英、法、俄文馆,天文、算学馆名存实亡。

(二) 关于派遣留学生的激烈争论

1871年,曾国藩等奏请选拔一些聪明的儿童少年到外国去学习,并上奏力陈遣派留学生的好处和计划。1872年清政府采纳了这些建议,正式派出第一批幼童赴美学习。从1872年到1875年,共派出学生120名。这批留学生主要学习与工业相关的学科,如造船、开矿、邮电、机械工程、交通运输等。几年后,翰林出身的陈兰彬任驻美公使,他初到美国,总是摆出大清官员的威风。孩子们长了个子,也长了知识,淡薄了国内的繁琐礼节。见了他没一

洋务运动

人行跪拜礼，陈兰彬勃然大怒。他联合驻美总监吴嘉善上奏朝廷，以留美学生"腹少儒书，德性未坚，尚未究彼技能，实易沾其恶习"为由，建议撤回全体学生，说他们是"外洋之长技尚未周知，彼族之浇风早经习染"。1881年夏，奕䜣接到陈兰彬奏折，征求李鸿章意见，李建议半裁半留。当时美国驻华公使转给总理衙门一封美国各大学校长的联名信，恳请中国不要撤回留学生。但奕䜣鉴于当时慈安太后突然病死，慈禧太后重出独揽大权，办事更加谨慎，终于同意召回全体学生，分三批回国。大多数学生中断了大学学业，还有的正在中学读书，不得不中途辍学返国。中国近代官费赴美留学的第一次尝试，就这样半途而废了。

（三）洋务派与顽固派对待西方文化的不同态度

在关于设厂制造船炮机器、筹备海防和建筑铁路的问题上也充分地表现出了洋务派与顽固派在对待西方文化问题上的不同态度。顽固派指责洋务派自己制造船炮是白白浪费国家财富，特别反对推行耕织机器，他们认为士农工商四民之中，农民占绝大多数，自古以来男耕女织，各司其职，这是治国安邦的根本所在，如果机器得到逐渐推广，会导致失业人口增加，造成大量流民，不利于天下稳定。他们反对洋务派开采矿藏、修筑铁路、筹设银行、便利商民等措施，认为"历史上圣君贤相谋求富强的方法皆重农抑商"。甚至认为开矿修路，会"震动地脉""破坏风水"，要求"永远禁止"。他们对经办近代工矿的洋务派不断进行人身攻击，指责周馥、盛宣怀、杨宗濂、马建忠等人，说他们常被人们抨击，也多次被官府弹劾，却总是以精通洋务号称，实际上只是看一些国外的书，就讲什么所谓的新法，表面上创办什么工厂，暗中是为了一己私利。顽固派认为洋务派都唯利是图，和外国勾结起来侵害中国，特别对其中商人买办出身的人员，更是十分轻蔑。如攻击丁日昌在洋行中工作，狐假虎威，心术不正，实在是小人之最；攻击唐廷枢等是洋行仆役、奴才，大肆揽财，称他是祸国的奸商、害民的巨头。至于洋务派官僚在经济活动中所暴露出来的一些贪污腐败弱点，更成为顽固派进行攻击的炮弹和把柄。

顽固派对洋务运动和洋务派的上述攻击，显然是站在封建自然经济的顽固保守立场上，无疑是错误的和违反时代进步潮流的。而洋务派则满足于农民革命已被镇压下去以及对外维持和局的现状，自诩为"同光中兴"的功臣，确信所从事的"求强""求富"活动获得了成功。他们局限于"中学为体，西学为用"的框架，不愿也不敢全面学习西方。

顽固派和洋务派的争论，反映了中国的封建统治集团中不同政治势力对于外来先进技术与文化的不同态度。顽固派毫无接受新事物的心理准备与认识能力，对中国的进步与发展根本起不到推动作用，只能产生负面的阻挠作用。洋务派能够接受新的事物，希望借鉴外国的技术加强中国军事实力，以抵抗外国的侵略，但他们的根本目的仍是维护清廷的封建统治，而不是真正进行现代化的改革。

五、洋务精英和洋务实践

顽固派和慈禧太后对洋务派的活动都十分不满。但是，经受了两次鸦片战争打击和国内人民起义冲击，清朝统治者第一次感到了生存危机。在洋务派兴起和与顽固派论争的过程中，清政府统治集团内部在中央形成了以奕䜣为首的洋务派。爱新觉罗·奕䜣（1832—1898年），道光帝的第六子，咸丰帝同父异母的弟弟，1851年（咸丰元年）被封为恭亲王。辛酉政变后，成为当权派的重要人物，掌管军机处及总理衙门。奕䜣大力主张借助洋人的军事援助消灭太平天国，支持地方实力派曾国藩、李鸿章、左宗棠等举办近代军事工业，开展洋务活动，成为清廷中枢主持洋务的首脑人物。在洋务运动过程中奕䜣给予地方洋务派政策上的大力支持。而在地方，则形成了以曾国藩、李鸿章、左宗棠为主要代表的地方实力派，成为洋务运动的践行者。

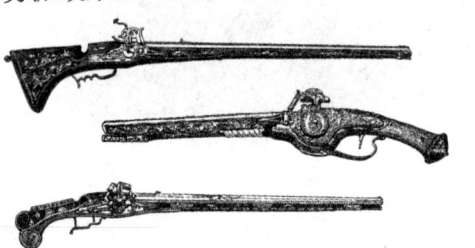

在太平天国战争、第二次鸦片战争过程中，尤其是"借师助剿"以后，曾国藩、左宗棠、李鸿章等众多清朝将领、谋士及朝廷官员，都切实感受到洋枪洋炮的无坚不摧和所向披靡，上上下下都渴望得到这些威力强大的新式枪炮，用以对付少量拥有这类武器的太平军和捻军，并壮大自己的政治力量。但进口枪炮和弹药的价格无疑是高昂的，正是由于清政府财政拮据而出现了湘军、淮军等地方性军队不可能拥有大量财力进口洋枪洋炮。为了应对频繁的内外战争，也为了扩张军事实力和政治资本，曾国藩、李鸿章等先后向清廷提出开办西式军工厂，生产新式枪炮，他们成为洋务运动的奠基人。

（一）曾国藩——洋务运动之父

曾国藩（1811—1872年），湖南湘乡人，出身于地主家庭，因镇压太平天国运动而成为地方上势力最大的实力派。曾国藩虽然长期接受的是儒家传统教育，但他属于经世学派，他强调，人要重视实践。可以说，他是洋务运动的奠基人。中国在第一次鸦片战争后签订的《南京条约》,就使曾国藩认识到"大局已坏"。第二次鸦片战争后,他更加清醒地意识到,外国侵略者一次又一次发动侵华战争,所凭借的无非船坚炮利。中国要自强要抗击外来侵略,也需要船坚炮利,要船坚炮利非办洋务不可。1860年12月曾国藩上奏折说:"无论目前资夷力以助剿、济运,得舒一时之忧。将来师夷智以造炮制船,尤可期永远之利。"曾国藩并不赞成清政府"借师助剿"来镇压太平天国,认为那只是权宜之计,"永远"的目标则是自强、御侮。

曾国藩作为政治家的远见卓识,非当时一般达官贵人所能比拟。他的向西方学习、兴办近代工业、造炮制船的主张与魏源的"师夷长技以制夷"振聋发聩的口号相比,毫不逊色。这里,曾国藩已经喊出了兴办洋务运动的第一声。曾国藩不仅大声疾呼倡导洋务,而且身体力行,把洋务从口头上、纸上付诸实践。1861年攻克安庆后,曾国藩便率先开办了中国第一家军事工厂——安庆军械所,"制造洋枪洋炮,广储军实"。该厂主要用手工方式生产旧式抬枪、土炮和弹药、炸包等旧式武器,供湘军使用,没有外国人参与。严格地讲,这个军工厂还不是洋务企业,但一直以来人们把它视为洋务运动开始的标志。后来,李鸿章、曾国荃等纷纷强调洋枪洋炮的威力,引起了曾国藩的重视。1863年,他召集一百多位算学、天文、机器方面的专家,研究如何兴办洋务事业。广东香山人容闳建议先建一座专门生产机器的机器母厂,曾国藩同意并派他前往美国采办。1865年6月,江苏巡抚李鸿章在上海虹口购买了美商旗记铁厂一座,设备比较齐全,这为曾国藩的事业带来了新的希望。李鸿章将铁厂买下,改名为"江南制造总局"。曾国藩在1863年便有此意,值此契机,更全力支持,共同筹办,并始终予以极大关注。在曾国藩苦心经营下,江南制造总局面貌一新,欣欣向荣,成为当时国内最大的兵工厂。

在办洋务的过程中,曾国藩看到,洋人制造机器,全靠数字推算,其中奥妙,均以图纸为准。然而,由于彼此文意不通,虽然每天都和机器打交道,但并不清楚其使用机器与制造机器的原理。要解决这一问题只有靠翻译,曾国藩认为,"翻译一事,系制造之根本"。1867年,他在"机器母厂"特设"翻译馆",聘

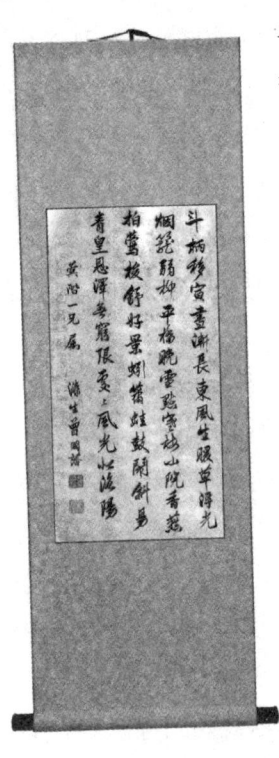

请英国伟烈亚力、傅兰雅、美国玛高温以及徐寿、华蘅芳等主持译务。这个翻译馆就成为中国政府创办的历史最久、出书最多、影响最大的翻译中心。这家翻译馆不少译著的出版问世,不仅为启迪和培养中国近代科学技术人才作出了贡献,为中国近代许多科学奠定了基础,而且对近代思想界也产生了巨大的影响。同治末年,曾国藩开办的江南制造总局的"译书馆"已译成书籍数十种,至光绪末,多达170余种,翻译的范围涉及算学、电学、化学、声学、光学、天文、地理、历史、政治、交涉、兵制、兵学、船政、工程、学务、农学、矿学、商学、医学、图学、格致等各个领域,这就大大开阔了人们的视野,对推动近代科学技术的发展、西学东渐、中西文化的交流等,都具有特别的意义。

曾国藩所倡导的洋务运动,继承了魏源的"师夷长技以制夷"的思想,提出了"自强、求富"的主张,作为近代化运动,其进步意义不可低估。洋务运动虽不具有资本主义的性质,却由此引入了西方机器生产,一定程度上促进了工业发展,对外国资本起到了一定的抵制作用。作为开办中国第一家近代军事工厂、制造中国第一艘轮船、创建中国第一家大型多功能近代工业基地、建立中国第一个翻译馆、派出中国第一批留学生的"洋务运动之父",曾国藩的功绩彪炳史册。然而,由于封建地主阶级的局限性,曾国藩所谓的"自强之道",不过是日暮途穷的封建地主阶级在民族危机日趋严重的形势下提出的一个解决中国现实出路问题的政治方案,并直接导致了洋务运动的兴起。洋务运动最终没能使中国富强起来,甲午中日战争中北洋海军全军覆没标志着洋务运动的彻底失败。洋务运动本身所具有的封建性、对外国的依赖性和管理的腐朽性,也决定了洋务运动最终不可避免的失败命运。

(二) 李鸿章——洋务运动的集大成者

李鸿章(1823—1901年),洋务派地方代表。字少荃,安徽合肥人,道光进士。1853年,在籍办团练、协助镇压太平军过程中,屡遭失败,投靠曾国藩当幕僚。1861年在安徽按湘军编制，组织淮军。李鸿章在率领他的淮军镇压太平天国和捻军过程中成为清廷中举足轻重的人物，也是洋务运动中最重要的人物之一。以李鸿章为首的淮系集团是兴办洋务成效最大的一个。李鸿章，可以说是一个伴随着近代洋务运动潮流而出现的标志性人物。

还在与太平军作战的时候，李鸿章就显露出他与大清国一般官员的不同之处：对外国的科学技术和经济活动有极大的兴趣。最初的动机是他组建的淮军需要银两购买武器，李鸿章利用上海富绅的银两引进洋人的机器设备，创办了中国第一个近代军工企业——上海洋枪三局。李鸿章算过一笔账：一发英国的普通炮弹在市场上要卖到三十两银子，一万发铜帽子弹要卖到十九两银子。大清国凭什么要把白花花的银子给洋人？创办近代企业需要的不仅仅是财力，更重要的是思想和观念的更新。李鸿章还具有变局意识，这种意念集中体现在他提出的"数千年未有之变局"和"数千年未有之强敌"的重要命题中。这种变局实际上就是指长期停滞于封建社会的中国面临着资本主义列强征服世界并按照自身面貌改造世界的潮流，而资本主义列强之所以能够称雄世界，则根源于资本主义生产方式，以及在此基础上的"轮船电报之速，瞬息千里，军器机事之精，工力百倍，炮弹所到，无坚不摧，水路关隘不足限制"。因而李鸿章断言资本主义列强实为中国数千年未有之强敌，面临强敌，中国必须自强，因此，李鸿章提出了一系列改革方案。李鸿章认为，商业和工业是西方富强的根本，中国要自强，也必须学习西方，大力兴办工商业，于是，他提出了"商战"的口号，说"习兵战不如习商战"，商战有"形战"和"心战"之分。想要"安内攘外"，就要练兵将，制炮船，备有形之战以治其标；学习西方的农、工、商之学，裕无形之战以固其本。但是，如何标本兼治呢？李鸿章认为："一变旧法，取法于人，以收富强之实效；一法日本，振工商以求富，为无形之战；一法泰西，讲武备以图强，为有形之战。"当然，要使中国富强，光靠商业是不够的，还必须借用洋器洋法，发展机器制造，兴办各类工矿、交通事业等。李鸿章鼓吹振兴商务，举办实业，除了要开拓利源，求强求富外，还有一个目的就是希望分享洋商的利润。要达到这一目的，就必须首先学习外国的工商业及技术，以此来制约外国在中国的工商业。洋务运动的重点前后有所不同。大体说来，

19世纪六七十年代，以"求强"为主，即适应战争和军事的需要，把重点放在训练新式军队和建设军事工业上。中国近代早期的四大军工企业中，李鸿章一人就创办了三个，它们分别是江南制造总局、金陵制造局、天津制造局。1865年，李鸿章让丁日昌购买了设在上海虹口的美商旗昌铁厂，合并原由丁日昌、韩殿甲主持的两个炮局，于9月奏准成立江南制造总局，后来又把容闳所购买的机器合并在一起。1867年江南制造总局迁到上海城南高昌庙，建造机器厂、洋枪楼、汽炉厂、木工厂、铸铜铁厂、熟铁厂、轮船厂等。后来，该局于1868年—1870年间，陆续设立翻译馆、汽锤厂、枪厂，并在龙华镇建厂制造洋枪细药及铜帽炮引，逐渐把它建设成为一个以生产枪炮弹药为主、辅之以修造船舰的综合性新式军用企业。1865年，李鸿章升至两江总督后，将马格里主持的苏州洋炮局迁到南京，在雨花台设厂，改称金陵机器局。此后，逐渐扩充规模，改良设备，制造多种口径的大炮、炮车、炮弹、枪支和各种军用品。

《北京条约》后，李鸿章痛定思痛，向慈禧奏请创办夷务，仿造洋枪洋炮，用来抵御列强入侵，慈禧批准在近海的天津建立军火工业基地，由三口通商大臣崇厚承办，目的是牵制李鸿章的势力。从设计到机器，再到技师，全部来自英国，分东局与西局两部分，东局以制造火药、枪炮、子弹为主，西局制造军需物资和器具。当时它在中国与江南制造总局、金陵机器局并称三大军火工业基地，但规模并不大，在鼎足而立的形势下，位列第三。令人痛心的是，崇厚毫无办厂经验，只知捞钱，两千工人的工厂里，肯干活能干活的人并不多，不会干活的人只要花钱就能进厂，天津机器制造局成了典型的官僚办厂。出了废品也不闻不问，成了吞吃国库银两的两大无底洞。李鸿章大刀阔斧地进行改革，解聘不严格要求的技师和一些提笼架鸟的吃闲饭的人，并从金陵、江南两厂调来熟练工人，气象为之一新。几年的工夫，三足鼎立的军火工业形成天津机器制造局一枝独秀的局面，一度跃居亚洲第一。天津机器制造局，最初是仿造，然后是创新。最值得大书特书一笔的，是直到军事工业高度发展的今天，仍属高难度产品的潜水艇，把它从纸上的设想变为水中的实物的，也就是全世界第一个潜水艇试制品，正是出自天津机器制造局。这艘试制的潜水艇，比西洋试制的早了六个春秋。

19世纪七八十年代，在继续"自强"活动的同时，又提出了"求富"的主张，强调兴办近代民用企业，把"自强"和"求富"作为洋务事业的总体目标。1872年底，李鸿章首创中国近代最大的民用企业——轮船招商局，由此奠定了"官督商办"政策的基调。后又相继开办一些民用工业，在整个七八十年代，李鸿章先后创办了河北磁州煤铁矿、江西兴国煤矿、湖北广济煤矿、开平矿务局、上海机器织布局、山东峄县煤矿、天津电报总局、唐胥铁路、热河四道沟铜矿及三山铅银矿、津榆铁路、上海华盛纺织总厂等一系列民用企业，涉及矿业、铁路、纺织、电信等各行各业。

1872年内阁学士宋晋上疏，借口制造船舰靡费多而成船少，奏请福建、上海两局暂行停止制造。李鸿章复奏指出，宋晋的主张代表了顽固守旧势力的迂腐之见，国家诸费皆可节省，惟养兵设防、练习枪炮、制造兵轮之费"万不可省"，否则"国无与立，终不得强矣"。他深知国家经费困难，要继续制造轮船，就"必须妥筹善后经久之方"。为此，提出两条具体办法：一是裁撤沿海沿江各省的旧式艇船而代之以兵轮；二是福建、上海两局兼造商船，供华商使用，华商为了同垄断中国航运业的洋商竞争，应自立公司，自建行栈，自筹保险。他指出："船炮机器之用，非铁不成，非煤不济，英国所以雄强于西土者，惟借此二端耳。"福建、上海各厂每天需外国煤铁极多，一旦中外关系紧张，外国对华采取禁运措施，各铁厂就势必坐以待毙，所有轮船也必将因为没有煤而寸步难行。中国煤铁矿藏丰富，外商垂涎三尺，处心积虑地攫取中国内地煤铁开采权。他认为中国"诚能设法劝导官督商办，但借用洋器洋法而不准洋人代办，此等日用必需之物，采炼得法，销路必畅，利源自开，榷其余利，且可养船练兵，于富国强兵计，殊有关系"。经过李鸿章等的力争，清廷不仅否定了宋晋的停造轮船的主张，而且为洋务派兴办轮船招商局和用西法采煤炼铁开了绿灯。

李鸿章为了"自强""求富"，企图通过兴办民用企业，解决军事工业的原料、燃料供应、"调兵运饷"的交通运输困难和"练兵练器"的经费问题。1873年，轮船招商局正式成立。李鸿章给招商局的定位是：没有大事的时候，轮船可以运粮食和载客；有战事时，可输送军火。他还希望在航运上可以和外国的船只抗衡。之所以叫作招商局，是因为李鸿章采用招商集资的方式来

解决经费问题。招商局是先由官商合办、后改官督商办的民用企业。其余洋务企业，如电报局、唐胥铁路、开平矿务局等洋务运动，李鸿章作为直隶总督兼北洋大臣，均有程度不等的参与。其后，为了适应洋务运动的发展，培养中国自己的人才，李鸿章创办新式学堂。1863年李鸿章在上海创办广方言馆培养外语翻译人才，并上奏在天津设水师、武备、管轮、电报、医学诸学堂，海陆军又各自立学堂。在兴办新式学堂的同时，李鸿章还主张向外国派遣留学生。

李鸿章洋务生涯中最重要的成就是训练创建新式军队、筹办海防。1862年，李鸿章率领淮军由安庆到达上海，盛赞英、法军队"器械之鲜明，队伍之雄整"，表示要及时"资取洋人长技"。在外国侵略者的支持下，他利用上海的有利条件和充足饷源，大力购买洋枪洋炮，雇佣洋人教习，极力扩充军队。除此以外，整顿海防、筹建新式军队，是洋务事业的又一个重要措施，也是李鸿章对近代军事的一大建树——把海防提到战略位置，建立了中国第一支海军。李鸿章早在第二次鸦片战争后就关注了海防问题，他虽然不是中国近代第一个关注并提出海防思想的人，但却是中国近代第一个提出海防比陆防重要、应该建立一支强大的海军以加强海防的主张的人。从19世纪70年代开始，中国近代海军开始出现在洋务运动过程中。1874年日本进攻台湾，对清政府刺激很大，使清政府认识到日本将"为永久大患"。洋务派提出了"练兵、简器、造船、筹饷、用人、持久"等六条具体措施的"海防议"。李鸿章是"海防议"最坚决的支持者，他除了支持总理衙门和丁日昌关于建立新式海军和配备海防近代化枪炮武器外，还建议将沿江、沿海各省陆军"认真选汰，一律改为洋枪炮队"，清政府最终采纳了这些建议，任命李鸿章、沈葆桢分别督办北洋和南洋海防，又决定每年拨银四百万两作为海防经费，这成为中国近代海军的开端。19世纪70年代中期，清政府内部爆发了一场关于海防和塞防的大争论，这场争论直接推动了清王朝国防建设的近代化。1875年，由两江总督沈葆桢、直隶总督李鸿章等人倡议，经总理衙门核准，每年调拨400万两作为经费，计划在10年内建成南洋、北洋、粤洋三支水师，1884年三洋海军初具规模。

1885年中法战争爆发，8月23日，中国南洋舰队在福建海面的马江与海军世界排名第二的法国海军船队进行作战，在短短的40分钟内，南洋舰队就被击沉。这件事极大地刺激了清政府,建设一支海军的想法再次被提出,而且,这次是全国上下,朝廷各派别意见出奇的一致。主持这项工作的就是北洋通商大臣李鸿章。在短短的三年内,李鸿章就把海军建立起来,而且成为世界海军强国。北洋水师是清政府的海军主力,它从创办到1895年全军覆没,一直归李鸿章管辖,是李鸿章经营最久、付出最多、也最为得意的一项重要洋务事业。北洋海军于1888年建立起来,共有军舰25艘。而且这支中国历史上的第一支海军甫一诞生,就是亚洲海军第一,世界海军第七。1888年颁布的《北洋海军章程》是中国第一个海军条令,规定很具体。有些规定到今天还在发挥效用。比如,海军舰艇官兵不得到岸上住宿,只能在舰艇上居住。这些章程在世界上也是先进的。海军与陆军不一样,几乎从其成立那天起,海军的技术成分就高于陆军。在陆军,即使你目不识丁,也并不影响你晋升,但在海军不行。北洋海军的军官分为战官和艺官,相当于指挥军官和技术军官。《北洋海军章程》规定,无论是战官和艺官,都必须从正规的军校毕业,也就是水师学堂毕业,经过专业学习与训练才能担任,不经军事院校培训,就不能任军官。这在中国军事史上还是第一次。这项规定明确堵塞了直接从行伍的士兵中提拔军官的道路,大大提高了军官的质量。北洋海军的士也是这样。根据《北洋海军章程》,要求士兵必须会写自己的名字,粗通文字,懂得舰艇知识。因为舰艇上专业技术兵多达几十种,如旗兵、舱兵、油兵、鱼雷兵、鱼雷匠、升火兵、电灯兵、锅炉兵、洋枪兵、油漆兵、帆兵、木匠、铁匠等等,这些士兵的专业技术工作都不是一般的农民所具备的。

李鸿章深知清朝军事制设和教育远远落后于西方,要开展近代化的军事改革,必须从人才的培养入手。清政府重视军事人才建设表现在:一是选送可塑之材出国学习。北洋海军绝大多数管带,也就是舰长,都有留学英国的经历;二是建立新式军校。1880年,李鸿章"参酌西国成规",创办了天津水师学堂,培养炮船、快船和铁甲舰所需的技术人才。在当时,建立海军学校,即便在世界上也是一个新事物。美国海军学院也不过成立于1884年。所以,李鸿章创设天津水师学堂,即中国近代海军学院,实在可以说得上是一件"开北方风气之先,立中国兵船之本"的大事。此后,李鸿章在天津、威海卫等地还办了船

洋务运动

政学堂、水师学堂、武备学堂、鱼雷学堂等一批新式军校。中国近代一些有名的人物段祺瑞、徐世昌、冯国璋、黎元洪等，都出自这些学堂。

（三）左宗棠——自力更生办洋务

左宗棠（1812—1885年），字季高，湖南湘阴人。清末大臣，洋务派地方代表。左宗棠开始办洋务，是19世纪60年代中叶的事。但是，早在第一次鸦片战争期间，他就已经很注意了解"夷情"了。据他自己说："自1839年（道光十九年）海上事起，凡唐、宋以来史传、别录、说部及国朝志乘、载记、官私各书有关海国故事者，每涉猎及之，粗悉梗概。"左宗棠了解夷情是为了对付外国侵略者，因此，第一次鸦片战争失败后，他就针对"泰西各国，火轮兵船直达天津，藩篱竟成虚设，星驰飚举，无足当之"的严重被动局面，积极主张中国应该制造轮船，筹建新式海防，以便"师其长以制之"。

在这个时期的洋务运动中，创办阻力最大、耗费最多、发展最艰辛、日后亏损最大、非议最多、夭折最早、历史评价却反而最高的军工厂，无疑是左宗棠竭力创建的福建船政局及其马尾船厂。1864年，左宗棠在闽浙总督任上，开始把他早年的主张付诸实施，积极筹备自造轮船。同年，左宗棠聘请曾在法国海军服役过的德克碑和日意格，与中国工匠一起在西湖试制出中国近代史上第一艘机动船，但航速很慢。1866年，左宗棠转战福建后刚一个月，便奏请在福州马尾创建福州船政局和马尾船厂。他认为："要杜绝海患，欲防海之，非整顿水师不可；要想整顿水师，必须设局监造轮船。"得到慈禧太后批准之后，左宗棠仍聘请德克碑和日意格负责技术和机器设备采购，并要求派中国技师随同考察、学习。该局的创办经费为白银47万两，由福建海关税收款支付。第二年，左宗棠被调任甘陕总督，督师西北，平定叛乱。为确保船政事业不致夭折，他奏请朝廷重用林则徐女婿沈葆桢为船政大臣，并强调一定要把福州船政局和马尾船厂建造成中国人自己的船厂。

在左宗棠的坚决要求下，朝廷还把刁难船政局的继任闽浙总督吴棠调换。

后来,担任福建税务司的法国人和法国驻福州领事也来干涉,甚至要求将船政局纳入海关,由法国人管理,都未能得逞。1869年1月10日,马尾船厂制造的第一艘轮船、1370吨的"万年青"号下水,并由中国舵工和水手驾驶开往天津。抵达终点时,成千上万的中外人士前来观看,无不为之赞叹。左宗棠创办马尾船厂的目的是十分明确的。他认为中国的海防太落后,旧式的海船根本无法与西方列强的火轮船相匹敌。他不甘落后,主张学习西方,迎头赶上,彻底改变海防面貌。他针对当时一些人只知雇募洋船、不敢自造的错误做法,坚决主张自己动手,"设局制造",认为"雇募仅济一时之需,自造实无穷之利也",表示"虽难有所不避,虽费有所不辞"。他的具体办法是,先由外国购置机器、轮机,配成大小轮船各一艘,然后让中国工匠学造,"以机器制造机器,积微成巨,化一为百"。为了掌握西方先进技术,培养人才,他在设立马尾船厂的同时还开办学堂,延聘西洋技师,教习英法两国语言文字、算法、画法和各种专门技术;凡精通业务,能够驾驶轮船的优秀学员,不论弁兵各色人等,一律破格录用。左宗棠还援引西洋各国与俄罗斯、美利坚"互相师法,制作日精"的先例,满怀信心地断言,以中国人的聪明才智,仿制轮船,要不了几年工夫,一定能够推陈出新,后来居上。他曾设想以五年时间制造轮船十余艘,布置沿海,保卫国防,与西方列强争雄海上;然后进一步添置机器,触类旁通,发展各种军用和民用工业,如制造枪炮、铸钱、治水等等。1872年,内阁学士宋晋等以国际环境已经和平、船政局耗资巨大等等理由,奏请停办。在左宗棠、沈葆桢等的强烈坚持下,船政局未被撤销。

  1867年,左宗棠调任陕甘总督,"身虽西去,心犹东注"。任陕甘总督期间,对洋务运动仍然抓得很紧。1869年,左宗棠创办西安机器局,不久随西征军迁往兰州,1871年,改为兰州机器局,自造枪炮等新式武器。兰州机器局保证了西征军的军火供应。又因西北盛产羊毛,1880年,左宗棠又创设兰州机器织呢局,从德国购置机器,延聘德国匠师,约定任期,把全部技术传授给中国学徒。他对兰州机器织呢局抱有很大希望。曾表示:"今日学徒,皆异日师匠之选。将来一人传十,十人传百,由关内而及新疆。以中华所产羊毛,就中华织成呢片,普销内地。甘人自享其利,而衣褐远被各省,不仅如上

海黄(道)婆以卉服传之中土为足称也。"此外,他还鉴于西北地区旱灾频仍、水利不修的严重情况,多次托人在上海购置西洋开河、凿井等新式机器,运到甘肃,以发展甘肃的农田水利事业。他深信:"此种机器流传中土必大有裨益,与织呢、织布火机,同一利民实政也。"值得注意的是,对民用工业,左宗棠还提出了官办不如民办、"以官办开其先,而商办承其后"的主张。他说:"若由官给成本并商之利而笼之,则利未见而官已先受其损,盖商与工之为官谋,不如其自为谋,其自为谋也尚有工与拙之分,其为官谋更可知也。"作为洋务派的头面人物之一,左宗棠办洋务,虽然其根本目的是维护地主阶级的统治,但其侧重点显然是为了反抗外国侵略和发展民族经济,反映了他具有一定的自力更生办洋务的思想特点。

除曾、左、李外,张之洞也是洋务派的重要代表人物。张之洞(1837—1909年),字孝达,号香涛,直隶南皮(今河北南皮)人。1863年成进士,先后任湖北学政、四川学政、翰林院侍讲学士等职,1882年任山西巡抚。中法战争爆发,张之洞力主与法决战,被清政府任命为两广总督,张之洞捐银三千两奖给抗法将领刘永福,并奏请起用前广西提督冯子材督师。冯子材在镇南关、谅山大败法军,张之洞也因此名声大振。他于1889年任湖广总督,在湖北建成湖北织布局、汉阳炼铁厂、汉阳兵工厂等,成为与李鸿章齐名的洋务要人。

在洋务实践的过程中,值得注意的是,洋务派经营的这些近代企业,是以不改变封建生产关系为前提的。所办企业,具有很强的对外依赖性、封建性和一定程度的垄断性。因此,洋务派要在中国兴办近代工业企业和筹办海防,都不得不在工业技术、资本乃至管理上受帝国主义的左右和牵制,因而也就不可避免地在一定程度上加深了帝国主义对中国政治、军事和经济的控制。

六、洋务运动失败的原因

洋务运动历时三十多年,以"中学为体,西学为用"为指导,以"自强""求富"为目的,希望利用先进的技术维护封建统治,但甲午中日战争的最后结果证明,洋务运动没有使中国走上富强的道路,而是以失败告终。分析原因,有如下几个方面:

(一) 封建主义的压迫

推行洋务运动的洋务派代表人物在中央有恭亲王奕䜣、军机大臣文祥、桂良;地方大吏有曾国藩、左宗棠、李鸿章、沈葆桢、丁日昌、郭嵩焘等。他们虽然掌握着一定的实权,但是在朝廷中有为数不少的大臣官僚、士大夫反对他们的主张,生怕洋务运动的发展危及他们的既得利益,于是在政治上、经济上和舆论上进行多方的钳制和阻挠。他们或以理学权威自命,或以孔孟之徒自居,或以"帝师"为尊,具有相当强大的社会基础。对于这次运动,这一时期的实际最高掌权者慈禧太后的态度显得尤为重要。慈禧作为"顽固势力的总代表","一贯顽固守旧",而且她为了独掌大权,施展权术,一手扶植了那些反对奕䜣和洋务派的顽固势力,暗中放任清流派,借用他们的言论牵制洋务派;一手又重用和支持洋务派,同意他们推行"自强新政"。慈禧太后巧妙地施展其政治手腕,逐渐地缓解来自各方的阻力。在这样一个掌权者的统治下,洋务运动必定难以大刀阔斧地前进。

(二) 帝国主义的阻挠

帝国主义的阻挠和破坏是洋务运动失败最重要的因素。在半殖民地半封建社会的历史条件下,外国资本帝国主义决不会愿意也不可能允许中国通过兴办洋务强盛

起来。因此,他们在表面上扶植、支持洋务运动的同时,又不断采取政治的、经济的、外交的乃至军事的手段进行侵略和控制。而洋务派的某些重要首领,对于外国资本主义的压力,又多是报以妥协退让的态度。没有国家的独立,就无法保障民族经济的发展,"自强""求富"的愿望也就只能落空。比如上面提到的官督商办企业,在受到封建主义的束缚外,外国侵略者为了在华攫取更多的利益,又利用获得的种种特权,极力排挤和打击中国近代工商业的发展,官督商办企业在这样的内外夹击中艰难发展。至于军事方面,甲午海战更是显现了列强的态度,先是反对丁日昌炸舰沉船以免资敌的命令,英国顾问浩威又在丁日昌死后假托他的名义起草降书,缴出残余战舰十一艘及刘公岛炮台和军资器械,向日军投降。这就是洋务运动中雇用的外籍教官。所以在这些封建主义和帝国主义的压迫阻挠下,洋务运动最终以失败告终,历史证明,洋务运动不能救中国。

(三) 洋务派不触动封建制度

洋务运动的推动者、实践者作为封建统治集团内的重要政治派别,其兴办洋务的目的在于维护清王朝的统治,而根本不想去触动封建制度,也不想改变传统思想,甚至连他们本人也是传统思想的信徒,这是洋务运动失败的根本原因。保守派与洋务派的分歧不在根本的思想认识上,而在于对具体问题的看法与做法上。当然,与保守派相比,洋务派还算进步的。他们毕竟睁开了一只眼睛,主张"师夷之长",尽管这种"长"完全是技术性的。洋务派没有从根本上摆脱封建传统文化,这才是洋务运动失败、中国早期现代化进程极为缓慢的根本原因。

七、洋务运动与中国近代化

洋务运动作为清政府统治集团内部开明派发起的一次自强自救运动,它引进了西方资本主义国家的一些近代科学生产技术,培养了一批科技人员和技术工人,在客观上刺激了中国资本主义的发展,对外国经济势力的扩张也起到了一些抵制作用。从某种程度上讲,是洋务运动开启了中国近代化之门。

(一) 洋务运动与军事近代化

洋务运动一开始的目标是巩固国防创办"自强新政"以"求强",具体表现为开办近代军事工业、创建新式军队、购买国外新式武器。1862年(同治元年)清廷下令都司以下军官一律开始学习西洋武操,各省防军开始更换新式武器,同年曾国藩在安庆设军械所,李鸿章在上海设制炮所,中国的近代军事工业的建设由此拉开序幕。短短几年间,在李鸿章等洋务派领导人的主持下,中国的近代军事工业体系基本建成,火枪、大炮、弹药、蒸汽战舰都已能够在国内建造,其决心之大、动作之快令中外为之震惊,这是近代中国历史的一次大飞跃,从此中国大地上有了自己的近代军事工业。

洋务派通过引进西方国家的先进的科学技术与现代化的生产方法,先后建立起一批以大规模机器生产为特征的军事工厂,使中国的军事工业从无到有;以军事工业的开展为契机,洋务运动开设了一些军事学校,培养了一批近代军事人才;通过西方新的洋枪洋炮的使用,西方近代化的军制与训练方法开始进入中国;同时在"三千年未有之变局"的新形势下,随着对西方近代战防思想的不断介绍,中国古代的军事思想不断被注入近代化的内容。通过器物、教育与制度层面的互动,洋务运动在物质与制度、人力资源等方面为中国军事的近代化奠定了基础。一方面,对于中国自身来讲,它是清军使用原始的冷兵器的比例减少与近代先进火器使用比例逐步上升的过程;另一方面,从中

外武器对比来看,它又是装备近代洋枪洋炮与铁甲战舰的清军与列强的武器差距逐步缩小的过程。因此,洋务运动的过程也就是中国军事近代化的过程,为日后中国军事近代化道路奠定了基础。

(二) 洋务运动与近代政治经济

从经济上讲,洋务运动是近代中国的一次"求富"运动。洋务派在兴建军事工业的同时,需要巨额的资金投入,为此"百方罗掘"但仍"不足用",洋务派领导人李鸿章认为西方各国均先以工商致富,再由富而强,认为"求富"是"自强"的先决条件。于是洋务派开始将工业范围扩大,兴办民用工业以"兴商务,浚饷源,图自强"。以创办机器大工业工厂为主要内容,是19世纪世界经济近代化潮流的一个组成部分。洋务运动陆续兴办了煤矿、铁厂、缫丝厂、电厂、自来水厂、织布厂、电报、铁路等近40个近代民用工矿交通企业,至1894年为止,这批洋务企业的资本达263443元,占当时近代企业资本总额的45.22%,工人总数34110—40810人,占当时近代企业全部工人数的37.33%—41.62%。随着洋务运动的深入进行,那些达官显贵以办洋务为荣,再不以经商为耻,从根本上动摇了几千年的中国农业文明"重农轻商"的观念。重农抑商政策从根本上导致了中国社会的落后,是近代中国落伍于西方的重要原因。幸而日后由于时势的发展,洋务派领导人体会到列强经济侵略的严重性,掀起了以富国富民为主的重商运动,为清朝自强带来新的活力,使中国的现代化商业萌生并渐渐成长。而洋务派民用工业的创办打破了西方资本在中国的垄断,为国家回收了大量的白银,并为中国近代民族工业的发展打下了坚实的基础。

以"中体西用"为指导思想的洋务运动是中国现代化链条中不可分割的最初一环,对中国的政治现代化也有重要的影响。"中体西用"是洋务派的思想纲领,主张"中学其体也,西学其末也,主以中学,辅以西学"。这种思想的实质在于以西方的先进技术来巩固中国的封建专制体制。固然,洋务运动的主观目的并不是使中国走向现代化,而是以西方先进的器物捍卫封建传统。但历史进程的按钮一经启动,就会按照历史自身的逻辑向前运行。洋务派们充当了不自觉的推动历史前进的工具,为中国的政治现代化准备了多方面的条件。

(三) 洋务运动与近代教育

开办近代工业、训练新军,必须要有懂得西方先进技术的专业人才,为此,给教育提出了新的历史任务,也开启了中国近代教育发展的大门。1862 年 7 月 11 日,中国第一所新式学堂——同文馆在北京正式成立。京师同文馆是一所培养翻译和外交人才的外国语言文字学馆,馆内先后设置有英文馆、法文馆、俄文馆、天文算学馆、德文馆、东文馆等。1866 年,同文馆又加设了科学馆,以便学生兼学西方的自然科学理论。同文馆的设立,终于迈出了中国教育培养近代人才的第一步,这也是近代新式学堂的开始。为了造就新时代所需的新式人才,必须"推广中西之学,宏开登进之途",改革科举,引进西学,在 19 世纪 60 年代思想界掀起了一股宣传科举改革的浪潮。经过洋务派多年的力争,清政府终于在 1888 年顺天乡试从中录取人才,改革传统的科举制度终于露出了一线希望。如果说洋务派的洋务活动是从"师夷长技""练兵练器"开始的话,那么洋务派推进科举改革的努力则是以创办新式学堂为突破口的。旧的学堂已不能适应洋务事业的需要,在洋务运动兴起的同时,洋务派就设立了类似近代学校的一些学堂。为适应洋务运动需要,在开办语言学堂的同时,洋务派还大力开办专业技术学校,以期培养掌握西方先进科学技术的专业人才。如上海江南制造局及其附设的机械学校、福州马尾船政局及其附设的船政学堂、上海电报学堂、天津电报学堂、湖北铁路局附设的化学堂、矿学堂和工艺学堂等。此外还创办了陆、海、医等军事学校。如天津水师学堂、天津武备学堂、广东陆师学堂、天津军医学堂、广东水师学堂、湖北武备学堂、南京陆军学堂等。这些军事学堂的纷纷建立,开辟了中国近代教育的新领域,也可以说中国教育的近代化主要是从军事教育的近代化开始的,而军事教育的近代化其实质是人才的近代化。这些近代学堂的出现,是中国文化教育领域中前所未有的事物,它们在沟通近代中西文化交流和学习西方近代科技方面,打开了若干窗口。洋务学堂改变了传统的教育观念并冲击了

陈腐的科举制度，促使传统的书院进行改造。洋务学堂使中国近代教育避免了殖民化的道路，代表着中国近代教育发展的方向。

在洋务派的倡议下，1872年开始向海外派出留学生，在多年之后这些留学生成了中国军队、工业、外交方面的中坚力量，西式教育的引进在一定程度上使中国人的思想开始摆脱蒙昧状态。据统计，洋务运动期间共派出留学生200多名。这些留学生不但学习了外国语言文字和近代自然科学、军事技术以及某些社会科学知识，而且得以直接了解西方资本主义国家的社会情况。洋务运动期间，留学生回国后发挥了重要的作用，他们当中的不少人在以后的政治、军事、外交及经济文化活动中扮演了积极的角色。在许多领域代替外国工程师工作，如福州船政局的国产军舰都是由他们制成的。新式海军舰艇的管带、大副也大都由留学生担任，中国第一条独立修筑的铁路——京张铁路，也是留美学生詹天佑设计修筑的。虽说这些努力没能改变清朝没落的命运，对中国近代教育由传统转向现代教育的转型却有着重要影响。

（四）洋务运动对中国外交的影响

1840年的鸦片战争是中国近代历史上的转折点，西方的武力侵略完全打破了中国两千多年的发展轨迹。面对这种突如其来的新状况，统治集团内部发生了分化，以奕訢、李鸿章等洋务派为主流，创造出自己的外交战略，在清朝晚期的对外交往过程中产生重大影响。为加强与外界交流，中国第一个专门的外交机构总理衙门的诞生，标志着中国开始了近代外交历程。

第二次鸦片战争后，政府开始重视外交，致力于培养外交人才。在第一次鸦片战争期间，与英国签订条约的官员，不谙外情，不懂外文，不懂国际公法，更谈不上谈判经验。英方代表曾说："在欧洲，外交家们极为重视条约中的字句与语法，而中国的代表们并不仔细审查，一览即了。很容易看出来他们所焦虑的只是一个问题，就是我们赶紧离开。"在洋务运动中，清政府深感外交人才的极度缺乏，于是于1862年6月创办了同文馆，设英、法、俄文三个班，培养了中国第一批外语和外交人才，从同文馆毕业的学生中有二十八人后来做了驻外公使一级的外交官。从此中国外交官员的素质有了明显的提高，使清政府的外交有了起色。总理各国事务衙门从1868年开始，陆续与西方列强进行修约谈判，由于事先做了充分准备，研究了对策，使西方列强的侵略阴谋没有得逞。如出使英法大臣曾纪泽，在赴俄修约时，根据当时的国际形势，利用俄国克里米亚战争之败，又倚仗左宗棠在新疆的重兵威胁，在长达七个月的谈判中，"反复辩论，凡数十万言"，终于挽回了《里瓦几亚条约》给中国造成的部分损失，争回了伊犁周围大片领土以及有关通商、纳税等主权。

"以夷制夷"的外交政策是清朝统治者对外国侵略者的态度从疑忌转向依赖的发展过程中的产物。所谓"以夷制夷"就是这样一种政策，即利用国际关系上的矛盾，联合、利用或依附某国来对抗另外的国家，谋取实现本国的外交目的。中法战争中，由于受到近代化外交观念的影响，清政府能够比较合乎实际地估计敌我力量对比，从而坚持定见，毫不动摇。如醇亲王提出不论战争结局如何都不赔款的原则，就被政府始终坚持。李鸿章在法将威胁进军北京时，轻蔑地微笑回答，法军"要晋京，先要经过津沽，有我在此，恐不易过"。如此气概，是以自身的实力为后盾的。在战争中，清政府利用了近代全方位外交，采取以夷制夷的策略，牵制法国。如清政府利用德法的世仇，令驻德使节与德国政府密切联系，并大量从德国订购武器，制造联德制法的气氛，迫使法国不得不分心防备德国，不敢在远东投入太多的兵力。但是，以夷制夷外交本质上讲是一种弱国策略，是弱国在夹缝中求生存的一种手段。在自身的实力不足的情形下，利用敌人之间的矛盾，借用别国的一些力量，有时候会起到事半功倍的效果。

八、洋务运动的评价

一百年前的洋务运动,是中国人拥抱西方物质文明的一次努力。洋务运动的倡导者和实践者们在洋务运动期间进行的各项改革,使中国向近代化迈出了可贵的第一步,是中国社会从未出现过的近代化实践活动,这种实践对中国的积极影响是不可抹杀的。但是作为封建统治集团内部一场自救运动,不可避免地存在着其历史局限性。

(一) 洋务运动伴随半殖民地化程度加深

洋务派在不触动腐朽的封建制度的前提下,试图利用西方资本主义的某些长处来维护封建专制统治,这种手段和目标的矛盾,注定了洋务运动是不可能成功的。洋务派兴办近代工业之初把"平中国"和"敌外国"一同提出,反映出国内阶级矛盾和清朝统治者同外国侵略者的矛盾并存。但在第二次鸦片战争后,腐朽的清朝统治者面对"内忧"与"外患",洋务派只有依靠西方列强,共同镇压人民,才能维持其摇摇欲坠的政权。所以洋务运动实践的结果必然否定了"敌外国"。如果说洋务运动是一场改革,那么它只能是沿着半殖民地化的方向"改革"而已。这一点在所有列强都愿意支持办洋务的事实上得到证明。洋务运动进行了三十年,并没有使中国走上富强之路,却在"自强""求富"的口号下,养肥了我国第一代军阀集团。

(二) 洋务企业与外国经济的关系

洋务派主观上并不希望中国出现资本主义,甚至在其创办民用工业之时,一再表示不允许私人创办同类企业,对资本主义的产生起到一定的阻碍作用。

洋务派本身的阶级局限性,决定了他们既是近代工业的创办者和经营者,也是其摧残者和破坏者,其封建衙门和官僚式的体制,必定导致洋务企业的失败。但由于洋务派在中国封建制度下,引进了同封建生产关系所不相容的新的生产力——西方先进的科学技术,必然在客观上加速了封建生产关系的瓦解,从而刺激了中国民族资本主义的产生,这是不以洋务派的主观意志为转移的。洋务派办民用工业,为了解决资金问题,采取"官督商办"和"官商合办"的方式,吸收私人资本。这"商股"部分即是民族资本主义因素。从19世纪70年代开始,更有一批官僚、地主、商人,直接投资近代民用工业,终于使中国有了一点先进的生产能力,促进民族资本主义的产生,也就促进了资产阶级的出现和无产阶级队伍的扩大。最后,由于洋务民用工业的兴办,部分地抵制了外国经济势力的扩张。如1872年李鸿章创办轮船招商局,使"内江外海之利,不致为洋人尽占",三年多时间里,外轮损失1300多万两,美国旗昌行也因长期赔钱和债务激增而最后被招商局兼并。湖北官织布局开织后,江汉关进口洋布每年减少十万多匹。中国资本能挫败洋商,这在当时曾被视为"创见之事"。

(三) 洋务派与民主思想的传播

洋务派同顽固派的论争及其对顽固派的批判,动摇了恪守祖训的传统及纲常名教的绝对权威地位,对于学习西方,开了好的风气。又由于洋务派组织翻译了不少外国科技书籍,派遣不同年龄和资历的留学生,因而培养了一批外交和科技人才,而介绍西方社会科学知识,对于促进民主思想的传播,也起到开一代风气的拓荒作用。在此基础上,19世纪七八十年代,从洋务官僚中分化出一批我国早期资产阶级改良主义者。

洋务派在洋务实践活动中自觉或不自觉、有意识或无意识地通过其言行,在一定时期里体现出资本主义发展的历史要求。因此,从一定意义上说,洋务运动是中国早期的近代化运动。洋务运动是在中国资本主义必然代替封建主义的历史趋势中兴起的;是在变落后为先进、变封建主

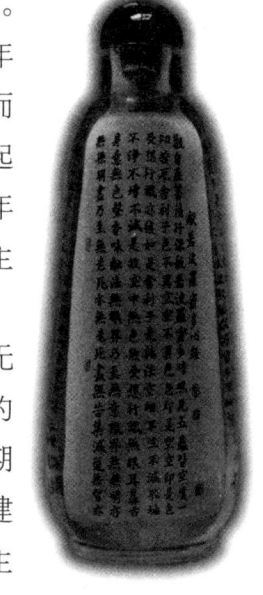

义为资本主义、变贫弱为富强的变革思潮条件下发生和发展的；是在清政府遭受太平天国革命和英法联军入侵的双重压力面前，采取"两害相权取其轻"的策略而起步的。这就是说，洋务运动的"起步"，在政治上是反动的，在实践中又是矛盾的，洋务运动的目的之一是抵御外侮，但洋务派在主持外交活动中，却坚持"外须和戎"，对外妥协投降。他们所创办的近代企业有抵御外侮和"稍分洋人之利"的作用，却不能改变中国半殖民地半封建社会地位。但引进西方先进的科学技术以发展近代工商业为中心的近代化的改革，却是符合中国社会发展客观经济规律和作为客观经济规律的反映的变革思潮要求的。

戊戌变法

中国近代历史，是一部交织着愚昧与觉醒、压迫与抗争的历史，也是古老的中国走向新纪元的重大转折时期。辛亥革命一举推翻了中国两千多年的封建帝制，开启了中国近代历史的新局面，武昌起义则以它的胜利结束了清王朝的统治，宣告了辛亥革命的发生，其伟大的划时代意义，直到今天仍被后人所铭记。

一、戊戌变法的兴起

在戊戌变法前,中国国内的阶级矛盾已经极为尖锐,清政府政治统治极为腐败,地主阶级大量兼并土地,普通农民无地可种,越来越多的人沦为佃农,衣食不保,生活极为悲惨。这段时期,清政府如以往王朝一样,进入由盛而衰的阶段。农民起义此起彼伏,特别是在19世纪中期爆发的太平天国运动,更是席卷了全国,各地频繁爆发农民起义,大大地削弱了清政府的政治统治,也使中央政府对地方政府的控制进一步减弱,各个阶层对政府的领导能力产生了怀疑。甲午中日战争中,清政府的腐朽无能进一步暴露,各地的斗争又逐步高涨起来。1895年之后的几年内,全国各地发生了多次农民暴动和起义,如1895年湖南浏阳抢米事件,甘肃回民反清起义等。这些斗争严重动摇了清政府的统治基础。统治阶级也深深地意识到自身的政治危机,力图通过政治革新来谋求转变。

1894年的中日甲午战争,以中国的战败而宣告结束,中国政府签订了丧权辱国的《马关条约》,赔款两亿两白银,并割让台湾、澎湖、辽东半岛给日本。在俄国、德国、法国三国干涉下,日本归还了中国的辽东半岛,但中国必须再支付赎回辽东半岛的费用,白银共计三千万两。以当时清政府的财政状况,支付这笔赎回辽东半岛的费用根本不可能,只好以海关贸易关税收入作为担保向当时的英国、法国、德国各列强举借外债。为此,中国关税完全被各国列强控制。与此同时,依据先前签订的"中法商务条款"和各国的最惠国待遇,各帝国主义国家争相在中国争夺修筑铁路,获取开采矿山的权利,并纷纷在中国开设工厂、设立银行,掌控了中国的经济与金融命脉。到1897年年末,山东发生了曹州教案,两名德国传教士被杀。德国乘机借口侵占胶州湾(青岛),俄国同时占领了旅顺大连,法国占领了广州湾(今广东湛江),英国占领了山东威海,

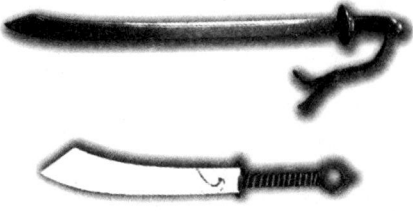

并要求将香港的殖民地界拓展到九龙和新界。日本也不甘落后,强迫清政府将福建划分为自己的势力范围。列强瓜分中国意图昭然,使当时清朝政府朝野皆感亡国灭

种的危机。

在1860年鸦片战争以后，西方文化便开始随着帝国主义的殖民入侵进入了中国。早期以林则徐、魏源为代表的一批先进士大夫成了接受西方启蒙思想的先驱，他们翻译西方的书籍，介绍西方的科学技术。林则徐组织翻译了1836年英国人慕瑞编写的《世界地理大全》，将它改名为《四洲志》，魏源在《四洲志》的基础上扩展，撰写了《海国图志》，明确提出了"师夷之长技以制夷"的口号，并指出如果要抵抗外国列强，必须先从了解西方列强入手，如要了解列强，又要先从翻译他们的著作作品开始。除此之外，同时期翻译作品，还有徐继畬的《瀛寰志略》，这些都是学习西方启蒙思想的代表作，这些都成为戊戌变法时期提出发展资本主义工商业主张最原始的思想源泉。

第二次鸦片战争以后，民族危机日益突显，以李鸿章、曾国藩、左宗棠等为代表的清朝开明绅士通过两次鸦片战争看到了中国与西方的差距，兴起了以"自强、求富"为目的的洋务运动，在引进西方先进技艺的同时，也引进了西方的文化思想。此时进入中国的西方传教士，不仅带来了西方的先进科学技术，也广泛宣传西方的经济、政治、文化制度。如早在1887年，英国传教士韦廉臣便在中国创办了一个出版机构——广学会，主要介绍西方政治经济文化制度。1890年李提摩太接管广学会，并担任《时务报》主笔，系统向中国介绍了西方的政治、经济、文化等方面的成就。在这过程中，产生了中国最早的资产阶级改良思想，其中以冯桂芬、王韬、薛福成、郑观应等为代表，他们主张学习西方变法图强，发展资本主义，并在经济上提出较早的工业商业的贸易对抗，在政治上实行君主立宪，这些都对后来参与维新变法的康有为、梁启超等人产生了极大影响。

1898年康有为到北京参加顺天乡试，凭借这次机会，第一次上书光绪皇帝，提出改革变法的政治理念，要求改变国家的施政方略，了解民间状况，改革变法。1895年春天，康有为、梁启超到北京参加会试，刚好是清政府在甲午中日战争中战败，签订了空前丧权辱国的《马关条约》，消息传至北京，应试举人群情激愤，奔走相告。康有为、梁启超联络十八省举人一千三百余人联名上书光绪帝，反对签订《马关条约》，提出拒绝辱国和平，要求迁移京都，整顿和编练新军，实施从上而下的政治革新。历史上把这次举人联合上书行为称为"公车上书"，这次上书虽然遭遇清政府拒绝，但上书的内容辗转传抄，在社会上激起广泛影响。此后，康有为联合当时的一些开明官僚文廷式、陈炽等以改革变法、增强国力、谋求发展为号召，先后在北京、上海组织强学会，发行《万国公报》，后又改为《中外纪闻》和《强学报》，宣传变法维新、救亡图存。

1896年，梁启超、汪康年、黄遵宪等在张之洞的资助下在上海创办《时务报》，发表了梁启超著名的《变法通议》等维新著述，同一年，曾留学英国的严复在天津创办《国闻报》，连载严复翻译的《天演论》和《原强》等重要论文，1898年谭嗣同、唐才常等又在湖南创办《湘报》。这些报刊以达尔文进化论思想为武器，敲响民族危亡的警钟，呼吁救亡国家，论述中国自上而下地实施变法维新的必要性与合理性，揭露封建专制制度为中国衰弱落后的最主要根源，大力宣传资产阶级民权思想，批判封建主义旧有思想、旧文化，大力提倡新学，造成的影响遍及全国和各个基层。

受甲午战争中国战败的影响，光绪皇帝深感耻辱，在全国上下、政府内外政治革新、变法图强的影响下，也开始萌生出维新变法思想。1895年，顺天府尹胡橘写了一道名为《条陈变法自强事宜》的奏折，最早向光绪皇帝介绍了日本的明治维新与法国资本主义改革的做法，鼓励光绪皇帝效仿国外进行变法，修建铁路，开办矿场，办理邮政等措施，谋求改变。刑部侍郎李端上《请推广学校折》，从推广新式学校方面，向光绪提出了改革变法的看法。光绪皇帝对这些奏折都详加阅读批示，并产生了强烈的思想共鸣。为更进一步地了解西方各国的具体情况，光绪还时常召见刚出使回国不久的户部侍郎张荫桓，详细询问欧美、日本各国情况。张荫桓每次为皇上讲述各国见闻，光绪皇帝都非常欣喜。光绪皇帝认为张荫桓对启蒙自己的思想有较大的帮助，经常向他咨询学习。在这一时期，康有为也为推动维新变法，连续七次上书光绪帝，深深影响了光绪皇帝。维新思想经过近半个世纪的发展酝酿，在相关阶层的传播推广，为戊戌变法做了思想上的准备。

二、戊戌变法的过程

1895年4月,日本与清政府签订《马关条约》的消息传到北京,康有为发动在北京参加考试的一千三百多名举人联名上书光绪皇帝,陈述中华民族危亡的严峻形势,痛批丧权辱国的卖国条约。提出拒绝耻辱的和平,要求把国家的首都迁往西安,重新训练和建立军队,抵御外国列强的侵略,并进行自上而下的政治改革,强盛国力。当时齐集在北京参与科举会试的十八省举人,看到《马关条约》中中国割去台湾及辽东,并向日本赔款两万万两的消息,一时间群情激奋,4月,康有为、梁启超写给光绪皇帝的万言书,提出拒和、迁都及变法的主张,得到一千多人连署。5月2日,康有为、梁启超二人,带领十八省举人及数千市民,集合在都察院门前要求代奏。因为外省举人到京是由朝廷的公车接送,事件亦被称为"公车上书"。虽然公车上书在当时没有达到直接实质的效果,却形成了国民问政的风气,随后催生了各式各样不同的议政团体。当中尤以康有为、梁启超二人发起的强学会最为声势浩大,更曾一度得到皇帝老师翁同龢、南洋大臣张之洞等清朝高级官员的支持。所以1895年以举人为主体发动的"公车上书"活动,揭开了中国资本主义改良运动维新变法的序幕。

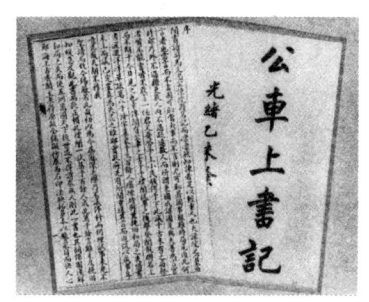

公车上书失败后,为了进一步使维新变法在更大的范围和更高的层面得以推广,康有为、梁启超创办《万国公报》,通过介绍资本主义国家的经济情况,继续宣传维新变法。不久,他们联合朝中大臣在北京组织强学会,定期集会演讲。随后,他们又把《万国公报》改名为《中外纪闻》,作为强学会的机关报发行,维新派的政治团体形成了。新政内容主要涵盖教育、军事等多方面的政策和体制,其最终目标,是推行君主立宪制。康有为向光绪皇帝赠送自己的著作《日本变政考》和《俄罗斯大彼得变政记》,还有李提摩太翻译的《泰西新史揽要》和其他有关各国改革的书,目的在于使光绪皇帝倾向于以明治维新为改革的蓝本来推动中国的变法改革。

1896年8月,维新变法运动重要的宣传阵地《时务报》在上海创刊首发,成为维新派宣传变法的舆论中心。1897年冬,维新志士严复在天津主编《国闻

报》，成为与《时务报》齐名的在北方宣传维新变法的重要阵地。1898年2月，谭嗣同、唐才常等人在湖南成立了强学会，创办了《湘报》。在康有为、梁启超等维新志士的宣传、组织和影响下，凭借当时清政府的内忧外困，全国形成了议论当时时事政治的新风气。截至1897年，在国内各地已经建立以变法、自强、图存为宗旨的学会三十三个，以学习西学或中西兼顾的新式学堂十七所，出版各类宣传报纸、刊物达到十九种。而到1898年，这类的学会、学堂和报馆达三百多个。形成了国内进行维新变法的宣传舆论氛围。

1897年11月在山东发生了曹州教案，两名德国传教士被杀。德国乘机借口侵占胶州湾（青岛），俄国同时占领了旅顺大连，法国占领了广州湾（今广东湛江），英国占领了山东威海，并要求将香港的殖民地界拓展到九龙和新界。日本也不甘落后，强迫清政府将福建划分为自己的势力范围。曹州教案的发生更直接暴露了清朝政府统治的昏庸无能，从而也直接推动了维新运动从理论宣传转到政治实践，将维新变法运动得以开展的政治氛围推向了高潮。12月，康有为第五次上书给光绪皇帝，陈述列强瓜分中国，形势迫在眉睫。1898年1月29日，康有为写《应诏统筹全局折》，这个折子中的核心思想是戊戌变法政治维新的蓝本。4月，康有为、梁启超在北京发起成立保国会，以实际行动开始为变法维新做了直接准备。

1840年鸦片战争战败后，中国跟世界的关系出现前所未见的改变。接连的外忧内患，使清政府及一大批知识分子逐渐意识到必须要改变以自强。咸丰、同治年间开始，清政府进行洋务运动，希望能够学习到西方先进的技术和生产经验转而抵抗外部的侵略。各地先后引入外国新科技，开设矿业、工厂，建设铁路、架设电报网，培训技术人才。在军事上也建立了远东最具规模的北洋水师。1894年至1895年发生甲午战争，清政府被日本打败，北洋水师全军覆没。证明只靠经济上的技术革新未能从根本上改变中国的落后局面。于是出现了要求从更基础的层面，包括政治体制上，进行变法维新。

光绪皇帝虽然在17岁时已在名义上亲政，但军政实权仍然一直掌握在慈禧太后的手里。面对列强瓜分的危险，光绪于1898年（戊戌年）向慈禧要求实际的权力，让他进行朝政的改革。1898年6月8日，徐致靖上书《请明定国是疏》（康有为代拟）请求光绪皇帝正式改变旧法，实施新政。上书后的第三天

6月11日，光绪颁布《明定国是诏》，表明变更体制的决心，这亦是百日维新的开始。之后光绪皇帝召见康有为，调任他为章京行走，作为变法的智囊。其后又用谭嗣同、杨锐、林旭、刘光第等人，协助维新。在维新人士和以光绪皇帝为首的帝党官员的积极推动下，维新新政从1898年6月11日开始，到9月21日慈禧太后发动政变，囚禁光绪皇帝，废除变法指令为止，历时一百零三天，史称"百日维新"。1898年以中国传统的干支纪年法称作戊戌年，所以维新变法运动又称为"戊戌变法"。

新政内容主要有裁汰冗员、废八股、开学堂、练新军、满汉平等等，涵盖教育、军事等多方面的政策和体制。其最终目标，是推行君主立宪制。康有为向光绪皇帝赠送自己的著作《日本变政考》和《俄罗斯大彼得变政记》，还有李提摩太的《泰西新史揽要》的译本和其他有关各国改革的书。这些著作都成为戊戌变法的最初蓝本。百日维新的过程中，政府自上而下出台了很多改革措施，其措施的涵盖范围之广、内容之多、改革力度之大，令人惊讶。总结起来共有以下几个方面：

教育改革方面：创办京师大学堂，所有书院、祠庙、义学、社学一律改为中学和西方学兼有的学堂，各地方省会设立高等学堂，郡城设立中等学堂，州县设立小学堂，并且鼓励地方和私人开办学堂，设立翻译、医学、农务、商学、铁路学、地质矿物学、茶务、蚕桑等速成学堂。改革科举制度，废除八股取士制度，改试策论，乡试、会试以及青年儿童岁考、科考的考试内容，改为考历史、政治、时务及四书五经，以及定期举行经济特科的考试。设立译书局，翻译外国新书，颁发著书及发明，并给予相应的奖励，保荐格致人才。准许民间创立报馆、学会。派皇族宗室出国游历，挑选资质高的学生到日本游学。

经济改革方面：康有为强调中国必须以工商立国，才能富国强民，另外因为官办企业多弊病，所以也着重鼓励民间兴办企业。设立农工商总局，并在各地方行省设立分局，广泛开设农业方面的学会，鼓励刊印农业方面的书籍报纸，购买农具，制定奖励如何学习园艺、农业方面的制度，编辑翻译外国农学方面的书籍，甚至采用中西综合的方法来切实提高耕地的开垦。在地方各地设立工厂，除中央和地方政府兴办企业外，着重鼓励民间的个人兴办企业，并制定相应的规章制度,对那些在制造先进的生产工具和振兴工业技术方面的人给予奖励。设立铁路、矿务总局,鼓励民间企业和商业兴办铁路、矿业,允许私人开办工矿企业。在地方各省设立商务局、商会,保护商务,推广口岸商埠,并且放开八旗经商的禁令,命令八旗子弟学习士农工商等阶层自谋生计,提倡他们创办实业,促进生产。设立邮政局,裁撤驿站,这是中国近代通讯行业发展的雏形。改革财政,创办国家银行,编制国家预决算,重视本国的金融行业。

军事改革方面:改用西方军事训练方法来训练和组建新兵,采用新法编练陆海军,在原来洋务运动的基础之上,打造新的国防力量。遣散老弱残兵,削减军饷开支,裁减原来以八旗子弟为主的绿营编制。严格审查保甲制度,实行团练,举办民兵,允许地方组织民兵预备队,增强地方上军事武装。制定和颁发奖励兴造枪炮的制度。筹备设立武备大学堂,武科取试内容调整为停试弓箭骑剑,改试枪炮。

政治改革方面:广开言路,以集思广益,准许各级官员及民众上书言事,严禁官吏阻拦。裁减冗员,设置京卿学士,删除和修改旧的规章制度,撤消重叠闲散的行政机构,取消八旗子弟的寄生特权,准许他们自谋生计。改上海《时务报》为官报,创设京师报馆,开放新闻自由。这些改革和施政措施有利于民族资本主义经济的发展和资产阶级文化思想的传播,受到维新派和地主阶级开明人士的热烈欢迎。

其余新政措施:康有为还有好多未发表的新政,如尊孔为圣人设立国教,设立专门的孔教部、孔教会,并以孔子为纪年,制定宪法,召开国会,实行军民合治,满汉平等。皇帝亲自统帅陆海军,改年号为"维新",断发易服,迁都到上海等。据康有为表示,自军民合治以下的新政都得到了光绪皇帝的同意。在戊戌变法期间,光绪皇帝根据康有为等人的建议,颁布了一系列变法诏书和谕令。颁布这些革新政令,目的在于学习西方文化、科学技术和经营管理制度,发展资本主义,建立君主立宪政体,使国家富强,抵抗西方列强对中国的侵略和蚕食。

维新新政措施虽然没有从根本上触及封建统治的基础,但是,这些措施代表了新兴资产阶级的利益,为封建顽固势力所不允许。对于光绪帝这一系列的关于变法新政的诏谕,除了一些手无实权的开明

官员表示支持外,从全国各地来看,只有湖南巡抚陈宝箴能认真执行,湖北巡抚曾较为热心,其他各省督抚则观望敷衍,甚至抵制,有些督抚对变法期间各种政令措施的执行和督办情况一无所有,甚至没有任何关于地方变法情况的奏折汇报给朝廷。新政在绝大多数省份不能推行。可以说,光绪皇帝关于变法的许多诏谕,大都成了一纸空文。

清政府中的一些贵族高管和封建守旧官僚对新政措施阳奉阴违,托词抗命。慈禧太后在光绪皇帝宣布变法的五天后,就迫使光绪皇帝接连下了三道命令:一是罢免革新派政党的首领翁同龢,他本人也是光绪帝的老师;二是任命荣禄为直隶总督,并加升为文渊阁大学士的头衔,统帅甘军、武毅军和新建陆军,抓住了朝中的行政和军事大权,对局势予以控制;三是授任新职的二品以上大臣须到皇太后面前谢恩。控制了对重要岗位的人事任免权和京津地区卫戍的军政大权,为发动政变做准备。这对于已经"归政"的慈禧太后来说,无疑是要孤立削弱甚至重新控制光绪帝了。面对慈禧太后的一连串行动,光绪皇帝决心顶着压力,逆流而上继续推行新政。帝党做出的主要对策是:一是频频召见维新派人士,共同协商维新变法的整体方向和效果,召见了康有为、谭嗣同、黄遵宪等人,但是他们都是身为六品以下的小官,无兵无权,政治斗争经验也并不丰富。二是打击以后党为主的顽固派官僚势力,将礼部尚书怀塔布、许应骙等六人全部革

戊戌变法

职,因为他们阻挠了礼部主事官员王照上书给皇帝商议维新变法的事宜。但是对于军机官员、兵部、吏部等重要部门却没有实质意义的动作。三是提拔维新派官员,特别给谭嗣同、刘光第、杨锐、林旭四人授予四品卿官衔,并担任军机章京。这些举措表明光绪皇帝试图通过壮大自己的政治力量来与慈禧及其后党进行对抗,以便加紧推行新政。

慈禧的后党与光绪皇帝针锋相对地排兵布阵,使得两派的政治斗争逐渐加剧升级,并且日趋表面化。慈禧任命了心腹官员控制了北京城内外和颐和园的军事警卫权。光绪帝和维新派手中没有兵权,面对危机四伏的局势感到恐慌,万般无奈之下决定冒险拉拢掌握天津小站七千新式陆军的袁世凯。而慈禧不断派人去天津与荣禄密谋,很快,荣禄调动聂士成的武毅军移驻天津陈家沟,调动董福祥的甘军移驻北京南面的长辛店。军队的调动,预示着政局即将发生变化,一场暴风骤雨即将到来。

维新开始后,清政府中的守旧派不能容忍维新运动的发展。守旧封建地主阶级纷纷上书给慈禧太后,要求杀掉康有为、梁启超等积极鼓动变法的维新人士,拨乱反正;奕劻、李莲英等人则多次下跪恳请慈禧太后重返朝廷,剥夺皇帝权力,进行所谓的垂帘听政;御史杨崇伊多次到天津与拥有兵权的直隶总督荣禄密谋;甚至宫廷内外传言将要废除光绪皇帝,另立新皇帝。1898年9月,此时慈禧太后与光绪皇帝的最后对决已有山雨欲来之势。光绪皇帝几次密诏维新派商议对策,但维新党人没有军事和政治上的实权,在朝廷上下也得不到更多拥护,没有解决困境的有效办法,只得向光绪皇帝建议重用军阀袁世凯,用来对付荣禄。光绪皇帝自己判断事态即将剧变,惊惶之中于9月15日召见杨锐并授以密诏,说明当时的局势危急万分,并诉说慈禧太后及昏庸大臣反对变法,而且自己没有实际的军事权和行政权,并表示自身难保,希望杨锐等人能想一个完全的对策,既可打破维新变法的阻力,摈除旧政弊端,广布维新新政,使中国转弱为强,又不至于太有违背慈禧太后的想法。康有为、谭嗣同等人相对痛哭,束手无策,除拉拢袁世凯外,又幻想取得美国、英国、日本等帝国主义列强的支持,挽救改革失败的命运。由于在此之前美国、英国、日本等国曾表示愿帮助中国变法,维新派的人幼稚地认为可把他们当作外部援助,于是就奔走四方,想要寻求日本的伊藤博文、英国的李提摩太、美国公使馆等势力的帮助,但最终都没有结果。

9月16日,光绪帝在颐和园召见统率北洋新军的直隶按察使袁世凯,面谈后升任他为侍郎候补,嘱咐其帮助康有为等维新党人。同时在另一方面,直隶

总督荣禄以英俄开战为理由,多次催促袁世凯尽快返回天津商议对策。9月18日光绪皇帝为保护康有为,并希望他能想办法去求援,就诏令他以去上海办报纸的名义离开北京,寻求地方势力的支持。就在同一天,御史杨崇伊秘密向慈禧太后报告了光绪帝的作为,请求慈禧太后火速回宫,进行训政。当日深夜,谭嗣同只身前往法华寺袁世凯寓所,劝说袁拥护光绪帝,诛杀荣禄,举兵援助维新党人,保护变法成果,挽救光绪皇帝的政治危机,对慈禧太后实施兵谏。起初,袁世凯在帝党和后党之间摇摆不定,左右逢源来谋取政治利益,在骗取光绪皇帝的信任,获得了光绪皇帝的封赏之后,认识到后党

的势力强大，不能与之相抗衡，于是借此机会将光绪皇帝和维新党人出卖。袁世凯当面表示愿意效忠光绪皇帝，同时又借口形势紧迫，必须回天津进行军事的动员和部署。9月20日，袁世凯向光绪皇帝"请训"，再次表示自己的忠心。然而，当晚，他急忙赶回天津，到总督衙门府向直隶总督荣禄告密。9月21日凌晨，慈禧太后突然从颐和园赶回紫禁城，直接入光绪皇帝寝宫，将光绪皇帝囚禁于中南海瀛台。然后发布训政诏书，再次临朝训政，历史上将其称为"戊戌政变"，结束了只有一百零三天的维新。

戊戌政变后，慈禧太后下令捕杀在逃的康有为、梁启超，逮捕谭嗣同、杨深秀、林旭、杨锐、刘光第、康广仁、徐致靖、张荫桓等维新派的重要官员，对维新派人士及支持、同情维新的官员进行清洗。维新党人中，康有为已于政变前一天离开北京赶赴上海，在英国人的保护下逃亡到了香港，梁启超则在日本人的掩护下化装出北京，由天津逃亡日本。谭嗣同拒绝了出走日本的劝告，表示："各国变法，无不从流血而成；今中国未闻有因变法而流血者，此国之所以不昌也。有之，请自嗣同始。"决心为变法而死。其他数十人被捕，谭嗣同、杨锐、林旭、刘光第、杨深秀、康广仁六人于9月28日斩于菜市口。徐致靖处以永远监禁；张荫桓则发放新疆；唯一在地方彻底实施变法的陈宝箴被革职，且永不叙用。对严复虽然也有人主张惩办，但因为未参加维新活动而未被追究。所有新政，除京师大学堂（即现北京大学）和各地新式学堂被保留外，其余主要新政措施均被废止。重新禁止士民阶层上书言事；废除所谓的官报局，查封全国宣传维新思想的报馆，缉拿各个报馆主笔。禁止社会阶层集合结社。维新变法期间所裁减的闲散衙门，如詹事府、通政司等都予以恢复，又废除农工商总局，恢复马步箭弓刀石的武举取试制度和八股取士的文试制度，罢除经济特设科的考试，停止各省、府、州、县设立中、小学堂。光绪帝被软禁于中南海的瀛台，之后再也没能走出去。轰轰烈烈的"戊戌变法"最终宣告失败。

从6月11日至9月21日，进行了一百零三天的变法维新，以戊戌政变的结局而宣告失败。

三、戊戌变法失败原因

戊戌变法失败的根本原因,是由于这场变法的领导者资产阶级维新派有着特定时期的历史局限性。资本主义发展不充分,导致该阶级具有软弱性和妥协性。资产阶级改良势力过于弱小,而封建地主阶级顽固势力十分强大。改良派缺乏坚强的组织领导,依靠的是一个没有实权的皇帝。维新派没有势力,又不能发动广大的人民群众。对帝国主义列强抱有不切实际的幻想。变法失败的教训证明,在半殖民地半封建的中国,资产阶级改良主义道路是行不通的。

新旧两种势力悬殊,维新势力远远没有守旧势力强大。

1898年6月11日,光绪皇帝颁布《明定国是诏》,标志维新运动进入了最高潮,开始了后人所说"百日维新"运动。这时,维新派与顽固派间的矛盾更加尖锐,而这种新旧之争,又与皇家内部的权力之争密不可分,情况更加复杂。光绪皇帝4岁登基,慈禧借姨母身份保留太后资格继续垂帘听政。1889年19岁的光绪皇帝大婚,按惯例亲政,慈禧不得不撤帘归政。但慈禧根本不想还政,所以实际权力仍一直在她手中,光绪帝名为亲政但并无实权。光绪皇帝当然也不甘这样下去,所以朝中逐渐形成了以光绪帝为首的"帝党"和以慈禧为首的"后党",当然,后党的实际权力比帝党要大得多。甲午战争之后,民族危机空前严重,帝党主张革新内政以富国强兵,逐渐倾向维新改革,赞成变法,支持维新派。无权无势的维新派只有依靠帝党才能实现自己的政治抱负,而帝党也需要利用维新派来扩大自己的社会基础,增强自己的力量,从后党手中夺回实权。正是二者的结盟,发动了悲壮的维新变法运动。"百日维新"开始,维新与守旧的斗争和帝后两党的明争暗斗交织缠绕,终于进入白热化阶段。

在"百日维新"期间,改革变法的主要措施在经济方面保护农工商业,成立农工商局,

奖励发明创造，提倡私人办实业，修建铁路，开采矿产，设立全国邮政局，改革财政，编制国家预算等。在文教方面的改革主要是设立新式学校、译书局，开办京师大学堂，派留学生，自由办报，成立学会，改革科举考试制度，废除八股改试策论等。在军事方面主要是训练新式海陆军、裁减已不合时宜、战斗力低下的绿营。在政治方面主要是裁减闲散重叠的政府机构，裁汰冗杂多余官员，要长期享有不劳而食特权的"旗人"自谋生计，准许、鼓励官员和民众论政等等。维新派和光绪皇帝深知自己的力量有限，所以提出的改革措施相当温和，一些重要措施并未提出。例如，政治方面最重要、也是他们最想进行的变法是建立议会政治，实行君主立宪，但他们深知反对力量的巨大，所以想施行由行政改革引起政治改革的策略。康有为曾说，当谭嗣同、林旭成为军机四卿后，主要是想开设参政议院。康有为曾经写过一份奏折，拟定设立制度局，用来制定新的行政制度、任命维新派人士进入来推行新政。光绪皇帝知道这样的倡议根本不可能获得西太后的认可，便想凭借朝中大臣共同上奏来推行这个办法，表明这并非自己与康有为的私人见解，于是就首先在总理衙门提出这个倡议，但总理衙门一直拖延，在光绪皇帝的催促下才进行议奏，

但最后驳回康有为的折子。光绪皇帝很生气，又重新命令军机大臣与总理衙门共同商议处理，结果仍然是驳回不能行使。光绪皇帝更加愤怒，亲自用红笔批注这个奏折由军机处和总理衙门再次商讨，甚至清楚地写下，要有切实的具体执行方案，不要用空话搪塞的批注语句。但这两个衙门最后仍将康有为的奏折驳回，而光绪皇帝却也无可奈何，只能自己叹息。之所以朝中大臣敢于几次三番违背皇帝的旨意，主要是因为有所倚仗，靠西太后为自己的护身符，欺负光绪皇帝没有实际的权力。所以，维新运动实际所做的不过是减汰冗员、裁撤机构，要求设立制度局等"行政"方面的措施，并没有颁布关于定宪法或开议会的诏书。但这一点点改革，也必然是一场力量悬殊的较量，要侵犯一些人的既得利益，裁减机构与官吏引起百官震骇，遭到各级官员的抵制，光绪皇帝接连下诏严责问差也不起作用。其余的方面，维新派对科举制的批判也是很深刻的，

认为应及早废除科举，但维新时期的变法主张却根本未敢提出废科举的任何言论，只是提出改革科举考试内容，以策论取士取代八股取士。就这一项非常有限的变革也遭到了强烈反对。

光绪皇帝一直受制于慈禧太后，如此重要的变革他当然不敢不听太后的意思，在百日维新期间，光绪皇帝曾经先后十二次赴颐和园，到西太后的住所去请安，向她询问并报告改革变法的所有事宜。老谋深算的慈禧太后既不表示赞成，却也不表示反对，每有禀告的案件，太后都不说话，也不做任何表态，如果遇到涉及改革旧法靠近新法的问题，就说，你只要保留祖宗的牌位不烧，头上的辫子不剪，我就不管。而实际上，她采取以退为进、后发制人的策略，坐等到变法出乱子、引起朝中上下的恼怒，再出来收拾局面。慈禧太后曾经多次召见几位守旧近臣，对他们说，皇帝近期任性胡乱作为，在关键的环节你们要进行阻挡。这些大臣回答说皇上的性格就是这样，我们不敢拦他。反而哭求慈禧太后劝阻，慈禧太后只是冷冷地说，等到最后关键时刻，我自有办法来对付。此后，这些守旧大臣更有恃无恐。随着改革措施越来越多，有更多的守旧大臣及内务府人，跪在慈禧面前央求太后出面来阻挠改革的进行。面对这样的情形，西太后总是笑着不说话，碰到那些哭着固执地要求太后出面的，慈禧太后笑骂他说，你管这些闲事做什么？难道我的见识还不如你们！她的宠臣荣禄也对这些人说，等这帮维新人士闹上几个月，引起全天下人的共同愤怒，恶贯满盈的时候再收拾他们。实际上，从新政诏令颁布的日子起，慈禧太后就在暗中积蓄力量，采取种种措施，伺机发动政变，重新训政。6月15日，即推行新政的第四天，慈禧就命令光绪在一天之内连发三道谕旨。第一道是免去翁同龢的职务。

翁是光绪皇帝的师傅、户部尚书、军机大臣、协办大学士，是帝党中最重要的人物，康有为就是他推荐给光绪皇帝的。翁的去职，使光绪皇帝顿失股肱，进一步削弱了力量原本就非常有限的改革势力。第二道是规定凡授任新职二品以上官员，必须到早已"归政"、移居颐和园的皇太后面前谢恩，控制用人大权，同时向高官发出大权仍在太后、而不是皇上手中的信息。第三道是任命亲信荣禄为至关重要的直隶总督，控制了京、津一带兵权。其实这三道圣旨的发布,慈禧实际已布下天罗地网,把皇帝和维新派人士看成了掌中物,任由其作为,也不能逃脱自己的掌控。已经基本决定了维新运动失败的命运,只要时机一到,慈禧便可后发制人。

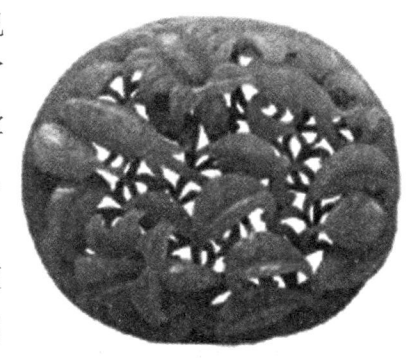

任何改革都是利益的重新调整,总会使一些人的利益受损。裁撤政府闲散部门、裁减政府官员,使被裁的大批老吏冗员站在守旧势力一边,会集在慈禧太后周围,因为他们的个人利益受到损害。一个庞大的官僚机构,它的力量是强大的,它的既得利益是难以侵犯的,因此也是难以战胜的。但不对其进行减撤,改革就无法进行,这就注定了这种改革必然如履薄冰,充满艰险,稍有不慎,便全盘皆输。对庞大的官僚机构进行调整精简,对"冗员"的安置,或是要以更强的力量来贯彻执行,或是以相当的利益来赎买。这二者,无权无能的光绪皇帝或维新派都未能作到,因此以行政改革来推行政治改革的策略实际很难实行。新政要求旗人自谋生计,剥夺了他们二百多年来靠国家供养、享有不劳而食的特权,引起了范围更广的反对。裁减旧军,自然使旧式军官失业,因此也反对新政。改革科考内容,废八股考策论,触犯了千百万读书人的利益,他们骂维新派为名教罪人,连康有为的弟弟、后来成为"六君子"之一的康广仁看到反对如此激烈,都不得不劝长兄缓行这条策略。

在西方列强的殖民侵略下,民族危机空前深重的情况下,国家的主权和领土日益丧失,也自然造成清政府的统治权力日益削弱。那些清朝的贵族地主阶级虽然昏庸无能,但对权力的变化却极为敏感。从他们的角度看,维新党人的政治目标是要把权力从他们手中夺走。黄鸿寿在《清史纪事本末》曾表达过这方面的认识,百日的政治维新变法运动,力度很大,几乎有一日千里的趋势,很多政令措施都雷厉风行,在修建马路、办理国防、裁撤绿营,编练新军方面都伤害了当时的统治阶级利益。尤其是要把八旗子弟迁出北京城,让他们自己谋生。这从根本上动摇了清朝贵族的统治基础,遭到了绝大多数人的抵制和反对。整个满族统治集团很快意识到,无论变法给中国带来多大的好处,但都要让满族统治阶级这个主要既得利益团体付出沉重的代价,不但可能丧失自己的特权,更有可能丧失三百年来一直把持的政权。改革固然是可以有利于国家的,但那些守旧派和既得利益者付出的代价也是沉重的。维新变法运动即使有利于中国的发展，也不利于清朝贵族的统治，即便中国兴盛了，清政府的政治统治也会结束。所以他们是宁愿与外国列强联合来反对维新派，也不愿意中国进行自上而下的政治改良运动，从而千方百计地对维新变法运动进行阻挠和破坏。对这些阶层利益的损害，使之成为改革的反对者，加强了守旧势力的社会基础。但问题在于，正是这些阶层的利益，成为国家、社会发展的严重障碍，不革除他们的利，国家、社会就难以发展，所以改革必然要侵犯其利益。虽然改革是为了各阶层的总体、长远利益，但每一阶层都不愿承担改革的代价。这是改革者不得不面对的两难困境，这种困境要求改革者不仅要有维新变法的决心和勇气，更要有变革的艺术与策略，对自己的力量和反对者的力量有清醒的估计。有能力全变、快变当然更好，但当无力全变、同时革除各既得利益阶层之利时，则只能分清轻重缓急，一点一点、一部一部地变革，一个阶层一个阶层地调整其利益，不能操之过急，使这些阶层同时反对自己。这种缓慢的变革当然会有种种弊端，但条件所限，亦无可奈何，否则将欲速不达，满盘皆输。

　　随着变法速度的加快、力度的增强，维新遇到的阻力越来越大，一些守旧官员对维新或阳奉阴违或公开反对。面对这种局面，光绪必须对人事作出一些调整，陆续免去一些守旧大员之职，提拔和擢升维新派的力量。9月4日，下令将阻挠新法的礼部尚书怀塔布等六人全部革职，由支持维新的官员取而代之。9月5日，任命谭嗣同、刘光第、杨锐、林旭等四人为军机处章京，在谕令中光绪特意加上参与新政四字，以示此四人权力与其他章京不同。9月7日，下令将不赞同新政的李鸿章等人逐出总理衙门。对光绪皇帝引入维新人削弱旧党的作法，慈禧愤怒已极，在光绪又一次到颐和园朝拜时怒斥道，朝中重臣没有重大的原因，不能遗弃，你现在远重臣，而启用新臣，散失了人心，为了一个人而败坏了伦理纲常法度。你叫我如何面对祖宗。光绪皇帝哭着回答，就是祖宗面对当前的状况，也会调整自己的施政策略，我宁可败坏祖宗的法度，也不肯放

弃天下的人民,也不能散失祖宗留下来的基业。双方实际已无妥协余地。9月13日,光绪皇帝决心开懋勤殿,准备召帝党官员、维新派人员和一些西方、日本的政治家共商改革、制定官制之事。消息传来,许多官员惶惶不可终日,纷纷向慈禧哭诉,慈禧更加怒不可遏,在守旧势力的支持下,慈禧太后在9月21日凌晨突然由颐和园回宫,囚禁光绪,捕杀维新人士,重新训政,废除所有新法。在这次惊心动魄的新旧较量、搏斗中,维新事业受到重挫。这是国家、民族、社会的不幸,也是统治者本身的不幸——大清王朝丧失了变法图存的重要机会,终于导致最后全面崩溃。

戊戌变法运动,从1898年6月11日光绪皇帝下《明定国是诏》开始,各种政令措施,改革方案数量庞大,在密集的时间段内频频出台,并要求中央地方在短期内快速执行。但是守旧的大地主贵族统治阶级,则因伤害到自身的根本利益,全力阻挠。维新新政则无法实行,所有的诏谕、政令法规全成为一纸空文,以慈禧为首的后党和以光绪帝为首的帝党,关系形同水火,势不两立。7月30日,光绪皇帝召杨锐入宫,秘密诏谕给他,并嘱咐维新派的改良人士妥善统筹安排计划措施,逐步推进维新变法的各项活动,并表示自己的皇帝地位都不一定确保,一旦自己下台,那么维新变法活动则彻底

失败。此时光绪帝意识到将有变故,自己处在危险地位,流露出焦急情绪,要维新派筹商对策。8月又召林旭入宫,由他带出第二次密诏,命令康有为等人尽快到北京之外的地方,联络其他势力,谋划对抗慈禧太后的策略。康有为、梁启超、林旭、谭嗣同等维新派的核心人物跪着诵读密诏,痛哭流涕,并发誓,即使身死也要搭救皇帝,决定最后铤而走险,实施兵谏,联络拉拢军方势力来包围颐和园,迫使慈禧太后交出政权。之后,谭嗣同深夜私访法华寺,会见袁世凯,劝说袁举兵杀荣禄,围住颐和园,控制慈禧太后,把她囚禁起来,迫使她交出兵权。袁世凯假意和维新派周旋,骗得光绪帝封他为侍郎,看到慈禧的势力根深蒂固,最终决定投靠后党。他用假话哄走了谭嗣同,当天乘火车回天津,向荣禄告发了维新派的密谋,出卖光绪帝和维新派。荣禄赶回北京将消息报告给慈禧太后。慈禧临朝训政,囚禁光绪,捕拿维新派,杀六君子,百日维

新遂告失败。

戊戌维新的失败,其中一个重要的因素,就是文化传统对当时人们思想认识的禁锢作用。历史典籍曾经记载一段戊戌政变后慈禧太后与光绪皇帝的对话,很能说明其中的问题。政变发生当天,慈禧太后重新训政,召见一些守旧重臣跪在自己的右边,而光绪皇帝跪在左边,慈禧严肃地训问光绪,这天下是我大清满人的天下,你怎么敢任性胡来。你身边的这些臣子,都是我多年观察选拔出来,辅佐你治理天下的,你凭什么不任用他们。竟然听信那些叛党的谗言,听信他们的蛊惑,乱了祖宗的章法制度。康有为又是什么东西,他的才能能胜过我为你挑选的辅佐大臣吗?康有为的那些治国的理论和方法,能胜过祖宗所创立的治国方法吗?你是如此的昏庸无能,不辨是非,连祖宗创立的章法都敢败坏,你这个不孝的子孙!乱祖宗纲常法度,动摇我大清统治的根本,以下犯上,你知道你的大罪吗?我问你到底是我大清的统治重要,还是康有为重要?背离祖宗法度,而用康有为的治国办法,你怎么昏庸到了这个程度。光绪战战兢兢地回答,这虽然主要是因为自己糊涂,也是因为洋人逼迫得太紧,想要保存国家的完整和政治上的利益,所以才想起了学习西方一些措施和方法,并不是完全听信康有为的鼓吹。慈禧太后又大声喝斥,难道祖宗的方法不如西法,洋鬼子反倒要比祖宗重要吗?康有为这个叛党,他是要图谋我大清朝的统治,难道你不知道吗?还敢替他辩护。光绪本已魂飞魄散,现在更不知道怎么说了。

一句"难道祖宗的方法不如西法,洋鬼子反倒要比祖宗重要吗?"的质问便使光绪皇帝无言以对,可见这句话的效力是巨大的,对人的影响有多么深远。

对祖宗的崇拜和华夏中心论是中国传统文化的重要特点。祖宗崇拜将祖先、祖制神圣化,使任何改革都非常困难,总被视为数典忘祖。华夏中心论认为中华是世界的中心,是"天朝上国",只有中华的文化才是最优秀,最正统的,其他民族、国家文化都是落后愚昧的,实际表现出一种强烈的文化排斥和歧视。对祖宗的崇拜与华夏中心论结合论一起,使学习、参考外国的任何改革都被斥为"以夷变夏"的大逆不道,因而更加困难。近代以来,在"天朝上国"第一次遇到了一种更强的文化的挑战,但林则徐、魏源等提出要了解敌人、进而提出要"师夷长技以制夷"时,都引起了激烈的争论和反对,被指责为自己毁灭了华夏的文化城防。主张"中体西用"、学习西方船坚炮利、引起大机器生产的洋务运动,也被顽固派攻击为扰乱人心,是混论等级制度的建议,是变夷、媚外、崇洋、卖国。维新派进而学习西方的政治制度,更被骂为大逆不道的乱臣贼子,认为西洋与中国的关系是敌我的关系,所以学习西方便是认贼作父、认敌为师。

近代中国备受西方欺凌,处于国耻频仍的民族危机中,这无疑是非常严重、极有煽动性的指责。在近代变革与守旧的理论斗争中,主变者一直没有建立起系统的变革理论体系,没有真正突破传统话语,所以只能一直居于守势,往往只有招架之功。由于传统话语仍居主导地位,所以守旧者掌握传统话语的解释权,并依靠这种话语优势使自己居于道德、政治的优势地位而使变革者居于道德、政治的劣势位置和否定性境地,以此剥夺、起码是严重削弱了变革的合法性,这也是中国近代变革之路曲折多难的重要原因之一。应当承认,与洋

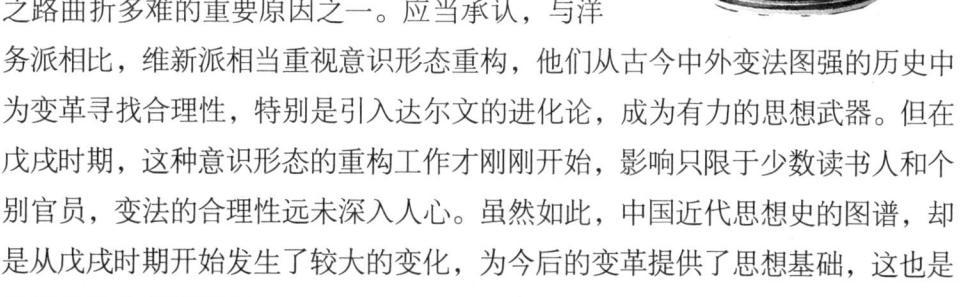

务派相比,维新派相当重视意识形态重构,他们从古今中外变法图强的历史中为变革寻找合理性,特别是引入达尔文的进化论,成为有力的思想武器。但在戊戌时期,这种意识形态的重构工作才刚刚开始,影响只限于少数读书人和个别官员,变法的合理性远未深入人心。虽然如此,中国近代思想史的图谱,却是从戊戌时期开始发生了较大的变化,为今后的变革提供了思想基础,这也是维新运动的意义所在。

还有一则解释原因,戊戌变法期间,日本前首相伊藤博文曾经到中国访问。当时英国传教士李提摩太向变法派领袖康有为建议,要求维新派聘请伊藤博文作为变法的顾问,甚至给予他一定的权力。于是变法派官员在伊藤抵达北京后,纷纷上书请求光绪皇帝重用伊藤博文,引起保守派官员的高度警惕。保守派官员杨崇伊甚至秘密向慈禧太后报告,说日本主持维新变法的原首相伊藤博文来到中国,光绪皇帝和维新党人将给他授予一定的权力,如果任用伊藤博文,那

我们大清的统治权将不存在，无异于把整个天下交付给外国人统治。这种激烈的言论和想法，促使慈禧太后在9月19日由颐和园回到紫禁城，想查清楚是否属实。伊藤博文与李提摩太曾经向康有为提议中美英日合邦。于是，在康有为的授意下，变法派官员杨深秀于9月20日上书光绪皇帝，希望依靠日本人和英国人来推动变法的进行，来抵抗慈禧太后的反扑。并强调不要嫌弃与英国、美国、日本成立联合政府的名字不好听。另一变法派官员宋伯鲁也于9月21日上书说：李提摩太和伊藤博文来到北京，打算成立中国、日本、美国和英国的联合政府，选择了解各国政治事务和当前形势的人来管理国家，并管理四个国家兵政税，另练兵若干营，并想请国家重要大臣李鸿章去见教士李提摩太及日相伊藤博文，来商量具体的办法。俨然想把中国军事、财税、外交的国家大权，交到外国人的手上。慈禧太后于9月19日返回紫禁城后，于9月20日至21日获知此事，惊觉事态严重，才当机立断发动政变，重新训政，结束了戊戌变法。

四、戊戌变法的评价及历史影响

戊戌变法的主要核心价值观是爱国、民主和进步。这次运动在中国近代特殊社会背景下发生，完全符合中国历史发展的运动规律。爱国救亡的思潮是甲午战争之后中国社会各界较为一致的思想趋向，而加快政治民主化进程、建立立宪议会政治，则是走向爱国救亡这一目标的重要步骤。所有这一切，都顺应了人类历史向前发展的潮流和社会进步的规律。

爱国主义是戊戌变法的重要内容和鲜明特色，它贯穿于戊戌变法运动的全过程。19世纪八九十年代，中华民族处在前所未有的危机时刻。具有悠久灿烂五千年文明历史的华夏大国居然败在新兴列强的手下，中华民族处在任人宰割的地位。列强争相吞噬中国，不断掀起瓜分狂潮，亡国灭种的危险迫在眉睫，中国的未来将是怎样？在中国刚刚诞生却尚未成长起来的民族资产阶级挺身而出，肩负起救亡图存的历史重任。戊戌变法中维新派的代表人物，都是热血沸腾的爱国主义者。他们大声高呼，各处奔走，其目的就是唤起人们的爱国情感。他们撰写文章、发表演说、创办学会、刊印报纸，都是围绕着爱国主义主题而展开的，面对亡国灭种的危局，维新志士义愤填膺、群情激荡。尽管他们身份低微，没有实际的权利，但其爱国主义情怀是强烈的，他们积极探索救国自强的道路。爱国主义已经成为时代的号角和社会进步的主旋律。

康有为作为一名普通的知识分子，能够掀起一场轩然大波，成为维新派的领袖，也为全国所瞩目，就在于他具有崇高的爱国主义精神。在爱国精神激励下，他用自己的文字、语言和行动，适应客观形势的要求，多次上书光绪皇帝，一再鼓动光绪，企图以国破家亡江山易主的惨重后果，打动光绪的心，唤醒朝廷官员和各界群众，迅速投身挽救民族危亡的运动。梁启超也是血气方刚的青年学子，他用焦灼的笔触写下了慷慨激昂的文字，强调变法的动机就是爱国，变法的目的也是爱国，爱国主义思想主导着1898年的戊戌维新运动。而以谭嗣同为首的"戊戌六君子",则以他们年轻的生命和满腔热血,谱写了戊戌变法爱国主义的悲壮篇章。

戊戌维新志士对祖国怀有一种执着的强烈的爱,中国毕竟是自己的祖国。当时中国遭受帝国主义铁蹄践踏,是那样贫穷和落后,但他们对祖国的爱恋之情常常溢于言表。但他们没有停留在对祖国悠久文明和美丽山川的赞美上,而是要唤醒民众真正的爱国心,用爱国主义这根纽带将一切热爱祖国的人联系起来,把中国人的力量凝聚在一起,赶走外来侵略势力。

戊戌维新志士继承了祖国爱国主义传统,并形成崭新的爱国主义观念,他们维护国家的独立和民族尊严,热爱国家热爱真理,反抗外来侵略。这是戊戌维新志士爱国主义观念中的精华,是留给后人的一笔珍贵财富。戊戌变法虽然失败了,但爱国主义传统经由维新志士之手继承下来,越来越多的人开始把个人利益和国家的命运、民族的安危联系起来,尤其在戊戌维新运动之后,国家和民族的存亡安危在人们思想上高于一切、压倒一切,除少数民族败类以外,大多数中国人可以不分阶层、不分党派,在国家面临外来侵略的时刻,结成广泛的民族统一战线,同来犯之敌浴血奋战,现代爱国主义观念在戊戌变法以后日益完善成熟,成为中国人的精神动力。

这次维新运动有着深刻的社会、政治、文化和国际背景,而最直接的原因则是甲午战争中中国的失败。由于历史上日本长期学习中国文化,所以在甲午战争之前,中国人一直看待日本为小国,并且具有心理优势。但在历时近十个月的甲午战争中,中国却惨败给了当时的日本,号称东方第一的北洋水师全军覆没,几十万中国军队溃不成军,日军在中国领土上肆意烧杀掳掠,清政府最终不得不签订割地赔款、丧权辱国的《马关条约》,向昔日的藩属求和。

中国的失败使国人痛心疾首、深受震撼,一些先进的有识之士如康有为、梁启超痛定思痛,探索新的救国之道。他们认为,日本之所以能由小岛战胜中华帝国,就在于向西方学习,在于变法维新,实行君主立宪,所以中国的救亡强国之路就是要向日本学习。日本因学习西方由弱而强,中国要生存、要强大,应该、而且也只能像日本那样变法维新,学习西方。1895年5月，康有为在北京发动著名的"公车上书"，公开提出只有学习日本变法才能强国的主张。在论证了变法强国的重要理由之后，在以后两份给光绪皇帝的上书中，他一再提出要向日本学习，梁启超在他的《变法通议》一文中也对日本的体制和宪章大加赞赏。

他们对日本政体的夸赞，要向强敌学习的建议，颠覆了当时所有人的观念，有的表示赞同，有的坚决反对、认为是大逆不道。支持维新的光绪皇帝就被打动，在百日维新变法开始不久就要求康有为提供给他这方面的书籍读看。从1898年6月21日起，康有为把自己所著十五万字十二卷本的《日本变政考》陆续进呈。《日本变政考》以编年的形式，对明治维新的内容、经过和经验作了详细的介绍、评说和总结，并结合中国情况向光绪帝提出变法的具体建议。在这本书中，把定章立宪的政治革新作为变法的总目标，确是抓住了问题的关键；在书后的后记中，他总结说，只有效仿他国的先进方法才能使中国强大，抵御外族的侵略！只要能够效仿日本的做法，那么一切都足够了。康氏的著作对光绪皇帝产生了极大的影响，百日维新中发布的许多上谕、变法的主要内容都来自此书。在中国为日本打败、举国同仇敌忾之时，同样热血沸腾的维新派却没有仅仅停留在对敌人的谴责、痛斥阶段，更不是简单地否定侵略者包括体制在内的种种优长之处，而是冷静地提醒人们看到敌人的长处，提出要向敌人学习，确实难能可贵。因为这既需超出常人的识见，对世界大势、国际格局、国内形势有理性、清醒的认识，更要有过人的勇气，而维新派之所以有甘冒天下之大不韪，承认、分析仇敌的优点，进而提出向仇敌学习的勇气，主要因为对国家之爱——至真至诚至深的大爱，这样的爱国主义，才是更纯粹、更深沉、更清醒、更理性、更负责、更有效、更值得敬重提倡的爱国主义。

（一）民主是戊戌变法的核心内容

19世纪末期兴起的戊戌变法运动，其实质就是改造封建君主专制政体，建立资产阶级君主立宪政体，这是中国近代民主化进程中的重要里程碑。戊戌变法时期，中国当时社会状况、阶级关系和思想文化发生剧变。思想文化领域内的进步潮流是运用新的理论武器,抨击封建专制统治和礼教,宣传君主立宪等民主学说。针对传统的君主专制的统治观念,变革维新的民主派以西方自由民主思潮、自由、平等和民主学说为理论武器,予以激烈批评,从这一历史层面上看,强于早些时候的洋务思潮后期的进步知识分子,批判的武器也更为犀利。

戊戌维新志士从西方启蒙思想家中获得了民主自由的思想,并以此为武器,批驳传统君权神授说,其目的在于攻击封建君主专制制度,伸张资产阶级民权。严复、谭嗣同等人对专制君主制度的攻击,首先抓住了为君主辩护的君权神授论,他们对君主的产生和对君、臣、民关系的分析,比较接近于西方的民主平等、社会契约的基本观点,明确提出废除封建的君主专制和推广自由民主的要求。他们对中外古今历史上重民轻君、民本君末的政治学说加以继承、综合和发展,并且作了较大改动,这些都反映了资产阶级的民主要求,对于揭露君权

神授的迷信,摧毁封建君权主义理论基础,扫除专制君主至高无上的权威,启蒙民众的觉悟,都有巨大的、不可低估的历史价值。

从政治上讲,戊戌维新运动的根本目标是君主立宪,建立议会制度,实行民主政治。他们极力强调效法欧美的民主制度,分定行政、立法、司法三权用来改变国家的政治体制,立宪法以改国宪,设议院以行民权。他们还试图用行政管理制度来取代清廷的军机处和六部,是资产阶级利用和平手段夺取政权的尝试,尽管这些并不都能付诸实践,或者在强大顽固势力的碰击下失败,但维新志士们已经勾画成立宪制的蓝图,这是难能可贵的。在几千年封建专制统治下的中国,提出这样的主张,并勇敢进行尝试,足以证明维新派的斗争勇气和改革的强烈愿望。

(二) 促进当时社会的进步

戊戌变法没有使灾难深重的中华民族摆脱贫困与落后,没有改变中国社会半殖民地半封建社会性质。但戊戌变法在很多方面使人们思想获得一定程度的解放,也成为人们促进社会进步的驱动力。戊戌变法以后的几年间,在社会生活的某些领域,民主主义思潮很快形成,社会生活里增添了许多新内容、新气

息,使民间死水一般沉寂的社会生活发生了某些新的变化,这种变化是几千年来所少有的。在社会生活领域,小至个人家庭,大至社会群体,内从思想观念,外到人际交往,城镇乡村,男女老幼,都程度不等地发生了变化。

戊戌变法后不到三年,清政府颁布了"回銮新政"的谕旨,在若干方面放松了对社会发展的局限,这实际是戊戌变法所促成的。也正是在这个时候,民主革命风潮勃然兴起,推翻清王朝的专制统治已经被革命党人提上日程,戊戌变法在客观上加速了清廷覆亡的进程,推进了中国社会的政治民主化。

戊戌变法的根本目标是发展资本主义,振兴民族工商业,富民强国,康有为在变法之前曾提出一个比较全面的经济改革方案,希望中国能够走上近代机械化道路。在变法期间,由维新派提请光绪皇帝颁布的诏书中就提到经济改革的事宜,其中明确把发展资本主义工业作为发展经济的基本国策。事实上,戊戌变法以后,民间创办新式企业已成风气,尤其到 20 世纪初期,中国资本主义发展进入一个黄金时期,这是当时社会进步的一个重要方面。

在思想文化领域内,戊戌变法的推动者掀起一场社会启蒙运动。维新志士们提出了更多的新观点和新思想,形成近代意识的革新思潮。他们用西方近代政治学说,破除中国人固有的封建桎梏、保守思想,抨击封建主义纲常名教,要求个性解放和人格独立。他们倡导鼓励民力、开启民智、创新民德,全面改良中国国民性,提倡男女平等、各自独立的主张,认为中国要救亡图存,兴国智民,就必须首先解放妇女,使妇女获得与男子平等的政治经济地位。此外,维新志士还对中国传统观念中的某些言行规范进行剖析。例如,他们用西方近代的幸福主义反对封建禁欲主义。用开明自营即合理的利己主义反对封建礼教对人个性的压抑和对个人利益的抹煞,等等。这些表明戊戌变法也是一次深层次的思想启蒙运动,他们用西方资产阶级的理性精神,点燃中国近代的文明之火。此后,先进的中国人翻然醒悟,如饥似渴地学习西方,形成全国上下竞相学习西方思潮的局面。因而,戊戌变法运动在民族觉醒和民主意识方面产生了振聋发聩的思想解放作用,这是中国有史以来的第一次。

开启民主政治生活。维新运动是由康、梁等普通读书人发动的,阻力很大。

但在一两年内，维新运动便能达到鼎盛，甚至一些高官也屡屡参与其中，在很大程度上，是因其创办的论政报刊风行一时、组织种种现代学会吸引广大士绅官僚所致。办刊论政，是维新运动最主要的成效之一。政治的主要传播途径就是宣传，这说明了新式报刊在当时的重要性。中国向来只有官家的公开宣传，而无真正的报刊。而中国现代报纸之产生，均出自外国人之手。随着通商口岸的开辟，外报外刊的增多，中国的一些有识之士如王韬、郑观应、陈炽、何启、胡礼垣等人也开始认识到现代报刊的重要作用，要求办报之声便日渐高涨。他们大都从"中国传统"和"西方现代"这两方面来论证创办现代报刊的必要性与合法性。

　　康、梁在刚开始倡言维新时，便认识到报刊论政的重要作用。康有为在写给皇帝的奏折中反复申述创办报刊的重要性，他认为报刊是国人的耳目喉舌，若无耳目喉舌便是重病则不可救药。他不仅认识到报纸对国家政治的重要性，而且看到了现代报刊对民间社会的重要性。除了军国大事之外，报纸还详记人数之生死、民办企业的兴盛、学会之程课、物产之品目、器艺之新制等。他们当时虽然已经触及，但没有、也不可能从言论自由、公民权利、对权利的监督这种角度来详细论证创办现代报刊的必要性与合法性。《时务报》的发行量在不长的时间内就上升到一万七千多份，遍布全国七十个县市，以当时的文化程度和交通情况来看，这是非常惊人的数字。《时务报》成为全国影响最大的政论刊物，梁启超的名声亦由此而起。在百日维新的鼎盛时期，光绪皇帝曾下诏书《时务报》改为官办，并要各地方效仿开办。

　　维新运动的另一重要贡献是大量民间社团的成立，使传统、松散的民间社

会开始向现代的市民社会转变。1895年春"公车上书"失败之后，康有为意识到仅靠朝廷是不够的，应造成一种社会力量来推动、促进维新事业。同年8月底，他在北京组织了强学会。强学会每十天集会一次，发表演说，探讨政治，研究国是，宣传种种新知识，还准备翻译外文新书，并出版了《万国公报》作为机关报。强学会的每次演讲，都吸引大批听众，影响日大，不仅许多京中名流参与其中，连一些元老重臣如翁同龢、张之洞也表示支持。不久，康有为又在

"得风气之先"的上海组织了上海强学会,并创办《强学报》作为机关报。可以说,这是第一个公开的合法社团,开近代合法结社之先声,意义重大。虽然不久就发生"戊戌政变",维新运动失败,慈禧重掌大权后将新法尽废,所有报刊一律停办,所有学会都被迫解散,慈禧要求各地官员,查办各办刊的主笔,但是,报刊的论政作用却首次为万众瞩目,学会、社团的重要性也首次显示出来。流亡海外的维新人士和留日学生立即掀起了创办政论刊物和成立各种社团的热潮,而且这种潮流已不可阻挡;不久国内又创办了更多的论政报刊,各种社团又遍地而起,对"辛亥革命"起了重要的推动作用。此后,在20世纪前半叶的中国政治生活中,政论报刊和各种社团一直举足轻重。总之,戊戌维新虽然失败,但此时创办公开论政的报刊与成立公开合法的社团,却将现代政治生活中的两个重要因素引入中国,确是维新运动的重大贡献。

由于戊戌变法的失败,中国不能实现类似于英国的自上而下的改革措施,资产阶级改良的道路在中国走不通。代之而起的是主张激烈变革,推翻原有制度和政府的革命者,最后造成了清朝的覆亡,中国两千年的帝制被彻底推翻。除此以外,朝廷中本来较为开明有为的大臣在政变后有些被贬,其他亦多被排挤到中央以外,亦间接造成了之后发生的义和团运动。戊戌变法是中国近代史上具有重大意义的事件,是一次爱国救亡运动。它要求发展资本主义经济和扩大资产阶级政治权力,符合近代中国发展的历史趋势,因此也是一次进步的政治改良运动。它传播了资产阶级新文化、新思想,批判封建主义旧文化、旧思想,又是一次思想启蒙运动。

五、戊戌变法中的重要人物

康有为是戊戌变法运动的领袖,他是戊戌变法中最为重要的人物之一。对康有为在变法中历史地位和作用的探索有着重要的意义。康有为的变法思想水平远远超越同时代的人,康有为虽然官位不高,但因为能得到光绪皇帝的重视和信任,通过直接上奏折给皇帝,影响光绪和新政的推行。康有为等人曾经预谋控制慈禧太后实施兵谏,成为最终戊戌政变的导火索。康有为与戊戌变法及政变关系极其重大。康有为对主持戊戌变法的光绪皇帝有决定性影响,在他的影响下,变法有了比较明确的发展方向,从而使中国从洋务运动开始的改革运动进入政治层面,并使改革具有了比较鲜明的资产阶级色彩。

康有为的《新学伪经考》和《孔子改制考》是他的重要经学著作,是康有为发动变法维新的重要理论依据。康有为的两部著作使得戊戌变法运动更多、更早地卷入到对价值观的评析与学术纷争中。康有为的效仿古代改制理论,非但未在戊戌时期起到思想解放作用,反因其负面影响成了变法运动正常运行的思想障碍。所以康有为的学术成果与学术思想影响了戊戌新学的内容及其时代特征,从而也影响了近代学术文化转型的民族特性和其发展趋向。

康有为的创立孔教的活动是在戊戌变法前,是他为实现其政治理想的重要活动,也是其学术思想的反映。康有为把孔子的思想学说宗教化,是为了抵抗近代西方侵略,制衡君主专制制度。尽管他创立孔教的目标未能最终实现,但从总体上看,康有为的早期孔教思想,为会通中西文化、推进中国现代化,作

出了重要贡献。康有为不仅仅把利用孔子思想学说、创立孔教的活动作为他为推动变法所施用的权宜手段,创教本身也是他追求的重要政治目标。康有为创立孔教的努力使得变法中许多政治上的分歧不是来自维新变法本身,反而是围绕孔教问题引起许多无谓的斗争,增加了变法实施的阻力和难度。

梁启超作为戊戌变法的重要领导者、戊戌政变前密谋的重要参与者,在变法失败后,曾写下大量

文字材料记述和反思变法,这对研究和评价戊戌变法产生了重要影响。在变法失败后,梁启超在不少论著中深刻反思变法的全过程,他认为变法本身没有错,问题在于没有将变法主张贯彻下去,改变旧有政策而没有执行新的政策,政策改变了,但是执行政策的人没有变化,另外变法最大的推动者光绪皇帝手中没有实权,再加上守旧官僚的反对,就无法使变法获得成功。

梁启超对戊戌变法的这些总结和反思,对他此后的思想观点发生了较大的影响。梁在戊戌之后到五四运动时期,思想上经历了革命与改良之间的摇摆,民主共和与君主立宪之间的选择,西方文明与中国传统之间的反思,这一系列的价值观念选择,勾画出了他一生思想衍变的轨迹。梁启超在戊戌变法之后深刻认识到,近代中国必须以推翻旧有封建统治的革命的方式,来适应外部世界统一的近代一体化进程,一方面必须结合中国实际学习西方先进事物;另一方面又必须认清近代世界政治经济体系的不平衡性和近代西方列强的侵略本性,对西方与西人保持高度警惕。梁启超对康有为"创立孔教"的态度经历了一个由肯定至否定的过程。梁启超于戊戌期间提倡孔教固然有推动维新变法的政治动机,但更主要还是出于文化动机,一方面抵制西方基督教的侵蚀,维护中国固有的文化认同,另一方面也试图借此实现天下大同的政治理想。梁启超后来于1902年公开宣布放弃保教,这是他政治思想发展过程中的一次根本性转变。

戊戌变法

光绪皇帝作为当时清政府推行维新变法最高当权者,同时也是后帝党最重大政治派别的核心代表人物,他的动机与作为对戊戌变法的发展影响很大。光绪皇帝在外交事件的处理中,反映出他对外观念的调适。尽管光绪帝力图摆脱传统外交的束缚,在程式上向近代外交靠拢,但他内心世界中的对外观念与外部世界仍有隔膜,在一定程度上反映出中国这个传统深重的国家在这一靠拢过程中的艰难与无奈。

翁同龢、文廷式、张謇等是与戊戌变法关系密切的晚清重要人物。翁同龢作为帝党的重要人物,对戊戌时期政局的发展有重要影响。翁同龢被罢官是变法中的重大事件,"翁被罢是慈禧太后反对变法的重要安排,光绪皇帝出于被迫"。从慈禧对戊戌变法的态度、光绪皇帝对翁态度的变化以及慈禧对罢黜翁的态度,可以看出新旧势力、后党帝党之间的深刻矛盾。张之洞是晚清时期的朝廷重臣,也是洋务运动后期最为重要的代表人物,与戊戌变法运动关系密切。张謇与维新运动之间的关系用"若即若离"较为客观公允,即一方面同情,甚至支持或者直接介入维新活动;另一方面对维新又有微词而保持一定距离。这种复杂历史现象的造成,内因是张氏的阶级地位和思想状况及其与维新派在一些观点上的分歧,外因是当时政坛上的几支活跃派别的制约。他们与康梁为首的左翼是基本合作的。康梁派利用帝党已经取得一点政治力量,帝党也利用维新派正在发展其社会力量。但在帝党和维新派之间,有互相合作的一面,也有互相矛盾的一面。那些参加强学会的较年轻的帝党,如文廷式、张謇等,虽然都与康有为保持友谊,并且在不同程度上赞助康有为的变法,但他们与康有为等人的思想仍保持一定的距离。如文廷式,原是参加强学会的一个重要人物,但在维新前,就骂康有为这样的政治主张如何能成就大事?又如张謇,在甲午战争前与康有为是旧交,但跟康有为的政治理念不同,同梁启超也没有什么深厚的交情。这些都说明当时帝党人物与维新派康梁之间,在思想上,始终保持一定的距离。

维新人士放弃了传统的大一统模式,增强了多元、并存、竞争的民族意识。其民族情感在文化层面上的表现是多重的,在文化观念上表现为较为理性的态度,维新人士的活动促进了近代民族主义的兴起。戊戌时期维新派对不平等条约的认识,是中国人民反对不平等条约思想历程的一个重要环节。他们认识到不平等条约严重影响中国的国计民生和民族资本主义发展,侵害中国的主权,主张通过内部改革、外交手段,以及利用国际法等途径解除其压迫。维新派的认识能与民族危亡联系起来并注重经济方面的危害,同时又存在缺乏认识的完整性和理论高度及对帝国主义抱有某种幻想等局限。

陈氏父子、徐氏父子、黄遵宪等人,他们是积极支持赞助康、梁活动的。当时陈宝箴任湖南巡抚,由他领导而由其子陈三立协助规划了"湖南新政",湖南可以说是当时改革的模范区域,是戊戌维新变法的发祥地之一。徐致靖当时是翰林院侍读学士,早在变法之前,就曾努力保荐康有为、梁启超等人,后党发动政变前,又让其侄徐仁录赴小站游说袁世凯,暗中劝其倾心新党。徐仁铸当时是翰林院编修,湖南学政,变法前后在湖南助陈宝箴力行新政。而杨深秀是变法维新时的"军机四卿"。黄遵宪则在湖南新政上发挥了极大的作用,特别是他的"地方自治"理论与实践。这一派都是积极赞助康梁活动的,但是我们可以看到当时除陈宝箴外都是没有什么权力的士大夫,即使是陈宝箴贵为湖南巡抚,其上还有投机变法的湖广总督张之洞。

张之洞为谋求发展,有靠拢到活跃于朝野的帝党倚重的维新派人士的意念。而张之洞与维新派的政见有相同也有不同,其时的中国政坛又风云变幻,主观要求与客观环境均促成张氏与迅速演进的变法运动逐步发生错综复杂的交互关系。洋务派并不属于极端顽固守旧者之列,此时的洋务派普遍具有趋时和附权的矛盾心态。趋时使他们同情、支持和参与维新运动;附权则使他们徘徊于帝、后之间。在变法之初他们同情甚至支持维新派。如张之洞在甲午战争以后,从一个搞洋务的封疆大吏一变而为维新运动的"护法大师"。在1895年—1898年之间张之洞在行动上与维新运动的关系可以通过下面几件事来发现。一件事是1895年时张之洞对于上海强学会的态度。北京强学会开会时,张之洞是大力支持的,他准备寄予筹备资金做为帮助,是督抚中最卖力的一个。后来张之洞又大力支持康有为在上海再办一个强学

会,并提供了资金上的帮助。这是他与维新派的第一次合作。另外一件事是1896年—1897年间他对于《时务报》的态度。《时务报》于1896年8月间创刊,张之洞是一位重要的赞助人,捐款最多。据《时务报》的经理汪康年说,《时务报》初开办时,只有一千六七百元款子。其中张之洞独自捐款千元,是经济上的大力支持者。那时,《时务报》的两个主持人物,是汪康年与梁启超。汪任总经理,梁任撰述主笔,而汪康年就是张之洞派系的人物,是他的一个亲信。汪梁合作,也就是张之洞派系与康有为派系在《时务报》中的合作。张之洞还为《时务报》推销。他回湖广总督本任后,以总督的地位,叫湖北全省各州县都购阅《时务报》。值得注意的事,是1897年下半年至1898年上半年张之洞对于湖南维新运动的态度。湖南初期的"新政"(1897年上半年以前),也

是张之洞所赞成的。陈宝箴在任湖北按察史时（1890—1894年），与总督张之洞相处得很好。当陈宝箴在1895年初入湖南担任巡抚推行"新政"，如办矿办厂的时候，张之洞是支持他的。综合看来，1897年下半年至1898年上半年百日维新前，张之洞对维新运动，在表面上仍保持赞助者的姿态。第四件值得注意的事，是1898年百日维新时期张之洞对于维新的态度。这个时期内"军机四卿"中的杨锐、刘光第就是代表张之洞派系的。而当时京城内外许多大官僚推荐张之洞入京主持变法大计时，他很想做一个维新宰相，做一个大清帝国的伊藤博文。总之，在百日维新时期，张之洞在表面上仍然支持维新运动，并且行动上比过去更积极，因为这是他阴谋与投机成败的关键所在。

戊戌六君子：谭嗣同、杨锐、刘光第、林旭、杨深秀和康广仁。戊戌政变后，以慈禧太后为代表的封建势力派大肆抓捕杀害维新党人，维新志士谭嗣同、康广仁、林旭、杨深秀、杨锐、刘光第六人于1898年9月28日在北京惨遭杀害，历史上称"戊戌六君子"。

谭嗣同（1865—1898），字复生，号壮飞，湖南浏阳人。他是改良主义运动中的激进派，为变法事业献出了自己的生命。谭嗣同是近代著名的思想家，他猛烈抨击了君主专制制度和清王朝的反动统治，并对封建纲常伦理进行了犀利的批判，其思想非常激进和深刻，达到了同时代的较高水平，并成为后来资产阶级革命派思想的先驱。谭嗣同富有文学才华，诗文都写得有气势。文章作品表现了丰富的时代内容和强烈的爱国主义思想，融入了个人的生命感受和价值观，抒发了他冲破封建枷锁、追求个性解放的积极进取精神。文章风格恢阔豪迈、刚健遒劲，带有浓郁的浪漫主义特色。留有《谭嗣同全集》。其中尤以"我自横刀向天笑，去留肝胆两昆仑"较为有名。

康广仁（1867—1898），名有溥，字广仁，号幼博。广东南海人。康有为的胞弟。小时候鄙弃科举考试制度，认为国家弱亡都是科举考试限制人的才智发挥。曾经捐钱当上小官吏，深深感受到官场的黑暗，最后愤然离职。后来跟随美国人嘉约翰学习西方医学，计划在上海创设医学堂，结果没有开成。1897年2月和徐勤等人在澳门创办《知新报》，宣传维新变法思

想。后到上海倡导设立女学堂。和梁启超、谭嗣同等人发起成立戒缠足会。创设大同译书局，刊刻康有为、梁启超等人的著作。1898 年春带着大笔资金抵达北京，协助康有为开展维新运动。他主张废除八股取士，倡导西方学术，开启民众才智。与御史宋伯鲁计划上书，主张把科举的四书五经学问统统改为对时事政策的分析，并得到了政府的许可。后来看到了封建顽固统治势力强大，变法难以进行，多次劝康有为离开北京回到南方，开办学堂，收徒讲学，为维系变法活动培养人才，等待其他时机。戊戌政变时被捕，在狱中曾说如果死能使中国强大，那么死了也值得，最终从容就义。

杨深秀（1849—1898），字漪邨，本名毓秀，号眘眘子。山西闻喜人。光绪十五年中进士，授官为刑部主事，后多次升迁为郎中。1897 年底授官位山东道监察御史，立下大志以澄清天下、辨别忠奸为自己一生的责任和目标。1898 年 3 月和御史宋伯鲁发起关学会，推行维新变法。4 月成为康有为组织的保国会成员。与康有为交往非常密切，很多奏折是和康有为商量后写成，有的时候为康有为代写。6 月 1 日写新政条例五篇，请明定国是，宣布变法开始。主张废弃八股，改试策论，起草日本章程，派遣清朝王公贵族留学，并申请专项经费翻译西方著作。后来又多次弹劾阻挠维新变法的守旧大臣。戊戌政变时被捕，遇害。遗留下来的著作有《雪虚声堂诗钞》、《杨漪邨侍御奏稿》、《闻喜县新志》。

林旭（1875—1898），字暾谷，号晚翠。福建福州人。举人出身，喜好诗歌。1895 年，针对签订《中日马关条约》上书请求政府拒绝与日本和议。同年花钱买官为内阁中书。1897 年到张元济等人创办的西学馆学习。1898 年创立闽学会，与广东、四川、浙江、陕西各学会互相呼应，推动维新运动。4 月参与发起保国会，并任主管工作。因为仰慕康有为，成为他的弟子。曾为康有为的《春秋董氏学》作后记，推广宣扬今文经说。在百日维新中，受到光绪帝召见，赏四品官衔，在军机章京上活动，参与新政。戊戌政变前夕，曾把光绪帝的密诏带给康有为，共同商讨解救光绪皇帝的办法。戊戌政变时被捕，遇害。年仅 24 岁。遗留下来的著作有《晚翠轩集》。

杨锐（1857—1898），字叔峤，又字钝叔。四川绵竹人。举人出身，1889年（光绪十五年）授官位内阁中书，后晋升为侍读。曾经成为张之洞幕僚中的一员，在北京任职期间经常写信向张之洞秘密汇报朝中动态。中日甲午战争时，主张集精兵猛将大举援救，保卫天津与塘沽。1895年参与发起强学会。强学会被清政府封禁后，又联合强国会中的有志人士抗争。清廷在强学会旧址基础上设立官书局，任命他为参与选书人员。1898年春在京创立蜀学会，并开办蜀学堂，以张之洞的《劝学篇》为指南，曾学习中学和西学。4月成为保国会中的一员。在百日维新中受到光绪黄帝的召见，被赏赐四品官衔，在军机章京上活动，参与维新变法的新政。与康有为是好朋友，但对推行维新变法主张有许多不同意见，攻击康有为有许多不切实际的想法和做法，并声称要对维新变法进行适当的抑制。戊戌政变时被捕，张之洞曾进行营救，但不及时，被杀害。遗留下来的著作被编为《杨叔峤文集》和《杨叔峤诗集》。

刘光第（1859—1898年），字裴村。四川富顺人。1883年中进士，授官为刑部主事。做官清正廉洁，不谄媚权贵。1894年中日甲午战争爆发，上书建议

改革变法求自强，刑部官员看后震恐，不敢继续上报。1898年春天成为保国会中的一员。百日维新中，受到光绪皇帝召见，赏赐四品官衔，在军机章京上活动，参与新政。曾经和谭嗣同一起批驳守旧派官员，但又经常在维新派与守旧派之间摇摆不定，处理政治事件尽量淡化维新的政治色彩，在维新与守旧派之间左右逢源。戊戌政变时被捕，遇害，39岁。遗留著作有《衷圣斋文集》、《介文堂诗集》。

五四运动

　　五四运动是1919年5月4日在北京爆发的中国人民彻底的反对帝国主义、封建主义的爱国运动。五四运动是中国旧民主主义革命的结束和新民主主义革命的开端。五四运动是中国革命史上划时代的事件，是中国旧民主主义革命到新民主主义革命的转折点。五四运动促进了马克思主义在中国的传播及其与工人运动的相结合，从而在思想上和干部上为中国共产党的建立准备了条件。

一、五四运动概述

对于五四运动这一概念,有狭义和广义之分。狭义的五四运动就是指1919年5月4日北京青年学生爆发的波澜壮阔的反对帝国主义、封建主义的爱国运动。北京学生的爱国运动爆发后,得到了各地青年学生和人民群众的同情和支持,学生爱国运动的烈火迅速燃遍全国,发展成为全国性的反帝爱国运动。狭义的五四运动与后来一系列的运动,构成了广义的五四运动,也是本书所采用的概念。

如何评价五四运动,对中国史学界来说始终是一个十分敏感和值得关注的问题。作为历史上的五四,已经是一个过去了的历史事件,但它所提出的"科学""民主"等口号却始终如影随形般地伴随着我们,影响着我们。五四运动

研究从20世纪20年代即已拉开帷幕,可以说其研究几乎与五四运动本身的历史一样悠久。五四运动在中国历史上有着划时代的意义和深远的影响,如果说,先秦的百家争鸣是中国古代思想的源头,那么,五四运动就是中国现代思想的源头。

五四新文化运动被称为国民"最后之觉悟",启蒙的结果是人的觉醒与人的思想的解放。20世纪的中国经历了三次历史性的剧变:辛亥革命、中华人民共和国成立和中国共产党十一届三中全会后的改革开放。五四新文化运动以其独特的启蒙性和开创性独立于第一次历史剧变与第二次历史剧变之中,五四运动不仅是中国革命的分水岭(新旧民主革命),而且在中国社会进程中也具有划时代的意义。有研究者指出:"五四运动是中国走向现代化的全面启动","五四运动是第一次历史性剧变的补课,又是第二次历史剧变的起点"。以爱国主义为精神核心,以民主和科学为口号的五四运动促进了马克思主义在中国的传播,为中国共产党的成立作了思想上、组织

上的准备，在中国历史发展进程中树立了一座丰碑，标志着中华民族走向伟大复兴的一个历史起点。五四运动是中国旧民主主义革命的结束和新民主主义革命的开端，中国革命从此进入了一个新的历史时期。中华人民共和国成立后，中央人民政府政务院于1949年12月正式宣布以5月4日为中国青年节。

传承五四精神，肩负历史使命。爱国主义是其精神源泉，民主与科学是其核心，勇于创新、解放思想、实行变革是民主与科学提出和实现的途径，理解精神、个性解放、反帝反封建是民主与科学的内容。

二、五四运动的背景

(一) 国内背景

1. 民族危机的加剧与城市工商业阶层的发展

中国的五四运动也是在中华民族危机日益加重,中国社会各种矛盾日趋激化的情况下爆发的。自鸦片战争以来,在帝国主义的侵略下,中国一步步地沦为半殖民地状态,当时中国人民处在帝国主义和封建势力的双重压迫之下,过着极其痛苦的生活。中华民族的危机不断加深,在与帝国主义进行抗争的过程中,中华民族的先进分子也对中国的命运不断地进行反思和探索。旧中国政治经济的恶化,民族危机的加深,使中华民族觉醒了,促发了一场由中国各阶层人民奋起参与的伟大爱国运动。

清末以来,中国的工商业虽有所发展,但在西方工业产品输入的情形下,中国本土工商业的发展仍然有限,第一次世界大战的发生使欧洲各国产业无力东顾,中国的工商业获得了很大的发展,从事工商业的人口持续增加,民族工业,尤其是轻工业得到巨大发展,城市中的工商阶层在中国社会中的地位也更显重要,在五四运动中,他们成为声援爱国学生的主要力量。

2. 新文化运动与新思想的传播

五四运动发生前,中国正处于北洋军阀的黑暗统治时期。军阀势力利用封建传统思想禁锢人们的头脑,推崇作为封建专制制度精神支柱的孔孟之道,借以维持自己的统治。严酷的现实引发当时先进知识分子的反思。他们认为,辛亥革命由于忽视了思想文化战线上反对封建主义的斗争,致使革命的成果遭到严重的破坏,因此,为了完成改造社会的历史使命,必须"冲决过去历史之网罗,破坏陈腐学说之图圄"。

于是，作为五四运动的先导，标志中国人民新觉醒的新文化运动便应运而生了。1915年9月，陈独秀在上海创办了《青年杂志》（1916年起改名《新青年》），杂志的创刊标志着新文化运动兴起，启蒙思想家陈独秀、李大钊、胡适、鲁迅、吴虞、钱玄同、刘半农、易白沙等是它的主要撰稿人。随后继起积极提倡新文化、新思想的还有《每周评论》《晨报》《京报》等报刊。北京大学是新文化运动的一个重要阵地。

3. 蔡元培"兼容并包"思想影响下北京大学和社团的发展

中国的教育制度在清末的新政中，学习西方及日本学制而改革。到了民初，高等教育获得进一步的发展。尤其是北京大学，在校长蔡元培的领导下，引进了开放的学风，提出了"思想自由，兼容并包"的办学方针。

所谓"兼容并包"，并不是新旧一揽子全包，而是罗致具有先进思想的新派人物，对那些腐败守旧人物则尽量排除。由于他的"兼容并包"，北大在他来以后，就包括了以下三个方面的人物：

第一是"国故"派的人物。教员方面原有拖着一条大辫子的辜鸿铭、年轻的英文教员、"探艳团"团长徐佩铣、当时的文科学长夏锡祺等。

第二是无政府主义的思想在北大也很活跃。蔡元培校长到校后，聘请了前清大学士李鸿藻的儿子李石曾（煜瀛）来北大教生物学，聘请了吴稚晖（敬恒）当学监。李石曾只来了很短的时间，吴稚晖来到学校尚未正式就职，无政府主义思想就由他们传播到了北大。

第三是《新青年》方面的人物，即新文化运动的代表人物。一方面有陈独秀、李大钊、鲁迅等人的文章，同时也有胡适、王星拱、刘半农、周作人诸人之稿。他们虽然都是在《新青年》里面的新文化运动人物，可是从政治见解上彼此却有着很大的分歧。这些人被聘请到北大任教，同时培养学生独立自主开放进步的思想和精神，这种思想和精神成为五四运动的重要动力。

在"学术思想自由"的口号下，成立了很多社团。像哲学会、雄辩会、音乐传习所、体育会、数理研究会、新剧研究会、书法研究会、画法研究会、图书报社、学生储蓄银行等。还有新

闻研究会，由校长秘书徐宝璜主持。《京报》的邵飘萍在五四前一段期间，每星期日来学校讲他的新闻采访经验。这个会与五四运动很有关系。毛泽东也参加了新闻研究会，蔡元培对它特别重视。当时国内著名的书画家陈师曾（衡恪）、音乐家萧友梅、刘天华都网罗在这些学会之中。社团组织在民国的发展，还包括少年中国学会、工学会、新民学会、新潮社、平民教育讲演团、工读互助团等等，为五四运动在全国的开展奠定了组织基础。

（二）国际背景

五四运动发生在国际、国内形势纷繁复杂的时代，首先在国际政治舞台上，日本在亚洲的崛起，是五四运动得以发生的国际政治背景的关键，也是在那个时代了解日本与欧洲列强、与美国间错综复杂关系的总线索。

1. 日本在亚洲的崛起

中国与日本同为东亚国家，两国为一衣带水的邻邦，双方交往非常频繁。在经历了1868年的"明治维新"后，日本跨进了全球性大国的行列，它创造了当时亚洲国家的奇迹，并将同时期的中国远远甩在了后面。日本的"成人礼"在亚洲表现为1895年的中日甲午战争，在世界上表现为1904年的日俄战争。经过这两次战争后，日本虽国力羸弱，但其在东亚国际政治格局中已经是一个重要角色了。

1915年1月18日，日本驻华公使日置益违反正常外交途径，在与中国总统袁世凯的私人会晤时，提交了几页用印有兵舰和机关枪水印的纸写的文件。文件上所载的内容就是臭名昭著的"二十一条"。"二十一条"的内容是：日本人提出要求，控制中国满洲里、内蒙古、山东、东南沿海和长江流域。接受了这些不平等条件就等于接受了日本人在这些地区实行殖民统治，掌握了整个中国的经济和行政控制权。中日双方随后进行了将近四个月的谈判，最终，于1915年5月25日签订了"中日条约"和"换文"。"二十一条"的谈判和签订,在全国激起了强烈的愤慨和反抗,消息传出,立即掀起了反对日本帝国主义的高潮。1915年1月26日,有关"二十一条"的消息首次向中国人民披露后不久,公众便举行了集会。2月19日,反对"二十一条"的"市民爱国会"在上海成立。同时,"国民对日同志会"也在上海成立。

数万人在公共租界举行公众集会,决心开始抵制日货。抵制日货的活动迅速蔓延到全国其他城市,甚至专营日货的商人也参加了这一活动。这立即引起了日本政府的警觉,在日本的强力重压之下,3月25日袁世凯下令停止抵制日货活动。但是,中国民众的愤怒情绪是禁止不住的。此时的中国人民开始觉醒,一些知识分子比以往任何时候都更清楚地认识到中国的根本问题,那就是帝国主义正加紧侵略中国,北洋军阀政府对外卖国、对内实行镇压政策,因此必须实行民族自救。

2. 美国在巴黎和会的失利

美国经济由于受到第一次世界大战的刺激得到迅猛发展,到1918年已成为经济实力最强大的国家。1918年1月,时任美国总统伍德罗·威尔逊在国会两院上抛出了"世界和平纲领",即"十四点"计划。可以说"十四点"计划就是美国企图称霸世界的一纸宣言书,而国际联盟就是执行该计划的机构。美国在巴黎和会上的目标是成为全球霸主,然而在其条件尚不具备的情况下,美国不得不对欧洲及日本一再妥协,这也成为五四运动得以发生的国际政治背景之一。

3. 十月革命的影响

在新文化运动中,面对辛亥革命以后中国政治和社会的黑暗混乱状况,一些先进的知识分子开始怀疑资产阶级民主共和国的方案对中国是否适合,坚持不懈地继续探求救国救民的新出路。正当此时,俄国发生了震动世界的十月社会主义革命。十月革命的胜利有力地证明,不仅发达国家,就是不发达国家,也是可以走上社会主义道路而获得解放的。它使处于彷徨和苦闷的中国人民看到民族解放的新希望。中国的先进知识分子从十月革命和第一次世界大战后充分暴露的西方资本主义的社会危机中,敏锐地认识到世界历史潮流的深刻变化,开始考虑选择中国革命新的道路。在十月革命的影响下,马克思主义开始在中国传播。随之,在中国开始出现具有初步共产主义思想的知识分子。

4. 苏维埃政权受到欧美列强的敌视

俄国十月革命胜利后,列宁领导的布尔什维克党推翻了资产阶级临时政府,建立了世界上第一个社会主义国家。1917年11月8日,全俄第二次苏维埃代表大会通过了列宁起草的《和平法令》。苏俄作为新生国家是与资本主义"自由世界"在意识形态上完全对立的,由此,美国总统威尔逊认为这场社会革命背离了西方自由主义的传统,因而拒绝承认新生的苏维埃政权。苏俄与资本主义"自由世界"在意识形态上的尖锐令美国和欧洲资本主义列强都仇视新生的苏维埃政权,欲除之而后快。对苏维埃政权的敌视是威尔逊向日本做出妥协的原因之一。当时的欧洲苏维埃革命涌动,且匈牙利已经成立了苏维埃共和国,在威尔逊看来共产主义可能横行欧洲,在这种情势下,把日留在国联,从而维护反苏、反革命活动的帝国主义统一战线,是威尔逊当时全球视野的重中之重。这也成为导致五四运动发生的国际政治背景之一。

五四运动是中国新民主主义革命的开端,同时也是一场彻底的反帝反封建运动。经过五四运动的洗礼,中国走上了正确的救亡道路,中国革命也从此进入了一个新的历史时期。通常认为,导致中国外交失败的背景异常复杂。日本在亚洲的崛起,美国在巴黎和会的失利,十月革命的影响以及欧美列强对新生苏维埃俄国的敌视成为导致五四运动发生的国际政治背景。该背景反映出那个时代各国间国家利益之争的状况,欧美列强为了平衡彼此间的利益,牺牲了当时的弱国——中国的国家利益,从而换回了列强彼此间利益的平衡。这三种背景互相融合,相互作用,其合力导致了中国外交在巴黎和会上的失败。

三、五四运动始末

（一）导火线

1918年11月11日，第一次世界大战宣告结束，德国成了战败国。1919年1月，27个战胜国在法国巴黎召开"和平会议"，实际上这是由英、美、法、日、意五国进行的一次帝国主义分赃会议。中国人民当时相信协约国的胜利真正是民主战胜了专制和军国主义，然而随后发生的事却打破了这种想法。中国作为战胜国之一，派出陆征祥（北京政府外交总长）、顾维钧（驻美公使）、王正廷（南方军政府代表）等五人全权代表，出席巴黎和会。中国代表向会议提出了三个要求：

第一，废除帝国主义列强在华势力范围、撤走外国军队和巡警、撤销外国邮政及通讯社、撤销领事裁判权、废弃租借地、关税自主。

第二，废除"二十一条"。

第三，德国归还在中国山东的租借地、胶济铁路及其他权利。

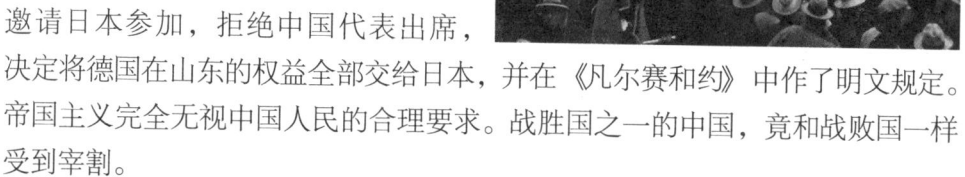

4月30日，美、英、法三国会议邀请日本参加，拒绝中国代表出席，决定将德国在山东的权益全部交给日本，并在《凡尔赛和约》中作了明文规定。帝国主义完全无视中国人民的合理要求。战胜国之一的中国，竟和战败国一样受到宰割。

当巴黎和会决定把德国在山东的权益转让给日本的消息传到中国后，立刻激起了中国人民的强烈愤慨，也进一步激化了帝国主义同中华民族、封建军阀同人民大众的矛盾，以学生游行抗议为先导的五四爱国运动就是在这种情况下爆发的。

（二）过程

巴黎和会上中国外交失败的消息传到国内，群情激愤，久积在中国人民胸中的怒火，像火山一样爆发出来了。5月3日晚，北京大学校园一片沸腾，北大、高师、工专、法政等校学生代表1000多人，聚集在北大法科礼堂，讨论如何拯救祖国、挽回主权等问题。会上作出4条决定：1.联合各界一致斗争；2.急电参加巴黎和会的中国代表，坚持拒签和约；3.通电各省于5月7日举行示威游行；4.定于5月4日齐集天安门举行学界大示威。

5月4日下午，北京大学等13所大专学校3000多人在天安门前集会，随后举行示威游行。他们高呼"还我青岛""收回山东主权""取消二十一条""外争国权，内惩国贼"等口号，要求拒绝在和约上签字，惩办亲日派官僚曹汝霖（签订"二十一"条时的外交次长，时任交通总长）、陆宗舆（签订"二十一条"时任驻日公使，时任币制局总裁）和章宗祥（时任驻日公使）。愤怒的学生们高喊罚办亲日派卖国贼曹汝霖、章宗祥、陆宗舆的口号，冲入曹宅。

当学生游行队伍到达赵家楼时，已是下午两点多钟。数百名军警早把胡同口封住了，游行队伍不得进去。趁军警不备之际，学生们登上窗台把临街的窗户打开跳进去，接着打开了两扇大门，众多的学生蜂拥而入。原来曹汝霖正在同另两个卖国贼章宗祥（驻日公使）、陆宗舆（币制局总裁）以及日本新闻记者中江丑吉在开会。学生们见到章宗祥，就都上去痛打，之后火烧赵家楼。

半小时后，军阀政府警察总监吴炳湘和步军统领李长泰率领大队军警赶到，用武力把群众驱散。军警说学生们杀人放火，随即开始捕人。大批的人都早已撤离，剩下少数想维持秩序整队而行的同学，被他们逮捕了。据亲历者许德珩回忆说："我和易克嶷被捕后，他们故意侮辱我们，把我们两人捆在拉猪的手推板车上，拉进步军统领衙门（在前门内公安街，当年叫户部街）。这时已经是午后5时了，陆续到监狱来的有各校学生31人，市民1人，共32人。此外，还有北大学生郭钦光。他是预科一年级学生，患有肺病，游行前劝他不要去，他不听，因游行劳累又受军警的追打，第二天死于北大宿舍。"郭钦光之死，引

起北京学生的总罢课，表示严重抗议，并通告上海、天津、广东各地于5月9日与北京同时召开郭钦光烈士追悼大会，以激励国人展开反军阀的运动。

北京学生的爱国运动，得到了各地青年学生和人民群众的同情和支持，学

生爱国运动的烈火迅速燃遍全国，发展成为全国性的反帝爱国运动。济南、天津、上海、南京、成都、长沙、武汉、广州等大中城市的学生，在日本、法国的中国留学生，以及广大海外华侨，都积极展开各种形式的反帝爱国运动。

5月21日，日本驻华公使提交"紧急照会"，威胁北京政府，要它加紧镇压学生运动。6月1日，北京政府下令取缔学生的一切爱国行动，这就更加激起了学生群众的愤怒。北京学生从6月3日起再次走上街头演讲，遭军警镇压，有170多人被捕，第二天又有700多名学生被捕。但是，学生们并未屈服。第三天上街演讲的学生增加到5000余人。

北京政府对学生爱国行动的野蛮镇压，激起了全国人民的极大愤慨。6月4日，上海学联得知消息后，立即通电全国，呼吁各界"主持公理，速起救援"。6月5日，上海工人自动举行罢工，支援北京学生。在工人阶级的带动下，上海实现了学生罢课、工人罢工、商人罢市的斗争局面。随之，全国兴起罢工风潮。沪宁、沪杭、京汉、京奉等铁路和汉口、长沙、芜湖、南京、济南等城市的工人也纷纷罢工。商人罢市也遍及各地城镇。五四爱国运动已突破了知识分子的范围，发展成为以工人为主力、有小资产阶级和资产阶级参加的全国范围的爱国运动。

在全国人民的强大压力下，北京政府被迫于6月7日释放被捕学生。10日，罢免亲日派卖国贼曹汝霖、陆宗舆、章宗祥三人的职务。这是五四运动的初步胜利。但拒绝和约的问题还没有解决，斗争仍在继续。6月11日，北京大学教授陈独秀、高一涵等人到北京前门外闹市区散发《北京市民宣言》，声明如政府不接受市民要求，"我等学生商人劳工军人等，唯有直接行动以图根本之改造"。陈独秀因此被捕。各地学生团体和社会知名人士纷纷发出通电，抗议北京政府的这一暴行。17日，北京政府违背全国人民的意愿，企图在凡尔赛和约上签字。北京学联立即号召学生投入拒签和约的斗争。18日，山东派出各界代表80多人进京请愿。北京、上海等地学生、工人纷纷响应。在巴黎的华工和中国留学生也强烈要求拒绝签约。直到27日晚，陆征祥的住处仍被数百名中国留学生和华侨商人所包围。在这种情况下，中国代表团没有出席巴黎和会在28日举行的和约签字仪式。至此，五四运动所提出的直接斗争目标基本得到实现。

(三) 成果

五四爱国运动促进了中国人民新的觉醒。先进青年更加清楚地看到国家命运岌岌可危，更加感到腐败黑暗的社会现状难以忍受，他们以救国救民、改造社会为己任，积极探索拯救中国的道路。五四运动后，各地青年纷纷成立社团，传播新思想的刊物有如雨后春笋大量涌现。仅五四运动后的一年中，就出现400多种。在各种学说竞起争鸣的形势下，马克思主义在中国得到广泛传播。

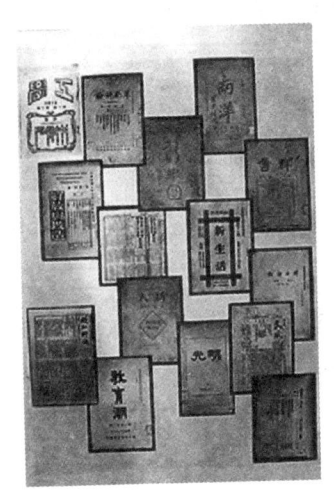

第一，五四运动是一场反帝反封建的爱国主义政治运动，表现了中国人民彻底反对帝国主义和封建主义的英勇斗争精神和不屈不挠的斗争意志。以此为后盾，中国代表在巴黎和会上采取了强硬态度和正义立场，拒绝在和约上签字，开创了近现代中国外交史上敢于抗争的先例，同时使皖系军阀政府声名狼藉，迅速由盛趋衰。 第二，五四运动又是一场伟大的文化运动和思想解放运动，它把新文化运动推向了以传播马克思主义为主流的新时期，同时开创了中外文化交流的新阶段。五四以后，西方文化的各个方面，都在中国得到了传播和移植，为现代中国培育了一代英才。运动中表现出的强烈不衰的爱国精神，贯穿始终的民主与科学理性精神，勇于进取的奋斗精神，为寻求中国出路而百折不回的执着追求精神，成为中华民族的宝贵财富，对中国社会的发展形成巨大推动力量。

第三，在运动中，中国工人阶级作为一支独立的政治力量登上了政治舞台，一批具有初步共产主义思想的知识分子，积极投身到工人中间，宣传马列主义，组织工人群众，从而促进了马列主义和中国工人运动的结合，为中国共产党的成立作了思想上组织上的准备。这场运动也对孙中山产生巨大影响，使他改变不重视、不发动群众的观念，促成了他对中华革命党的改组。

第四，五四运动揭开了中国新民主主义革命的序幕。虽然中国共产党当时尚未诞生,但是已经有了一批赞成俄国革命的先进知识分子,一些人更直接充当了运动的组织者或指导者。运动期间,中国产业工人队伍已有了发展和壮大,且在运动后期发挥了决定性作用,运动的内容和方向也在朝着反帝反封建的目标发展。这都表明旧民主主义革命正向新民主主义革命过渡。

由于巴黎和会打破了人们对帝国主义列强的幻想,由于俄国十月社会主义革命的影响逐渐扩大,在五四运动后的中国思想界中,有相当一部分人逐渐怀疑以至否定资产阶级共和国的道路而向往社会主义,认为"社会主义是现时和将来的人类共同的思想"。五四运动后,《新中国》《每周评论》《晨报副刊》《国民》等刊物开始刊登文章宣传马克思主义。具有初步共产主义思想的知识分子编辑刊物,撰写文章,组织社团,初步接触工人群众,研究和宣传马克思主义。经过比较、鉴别、争辩,马克思主义以其缜密的科学性和革命精神赢得日益增多的先进分子的信仰,中国一代青年马克思主义者逐步成长起来。新文化运动发展成为以传播马克思主义为中心的思想运动。五四新文化运动的最大成果,就是中国人民选择了马克思主义。马克思主义并没有束缚人们的思想,相反,正是学习和运用了马克思主义,中国人民的思想才在更广阔的范围和更深刻的程度上获得了解放。马克思主义在中国的传播和它在同中国实际结合中的不断发展,成为五四以来科学、民主精神的主流。

四、五四运动时期的风云人物

（一）陈独秀

陈独秀（1879—1942年），原名庆同，官名乾生，字仲甫，号实庵。陈独秀是新文化运动的发起人和旗帜，中国文化启蒙运动的先驱，五四运动的领袖，中国共产党的创始人及首任总书记，一大至五大党的最高领袖。1945年，毛泽东在中共"七大"预备会上的报告中称"陈独秀是五四运动的总司令"。五四运动总司令的称号，陈独秀当之无愧：

第一，陈独秀创办的《新青年》，吹响了五四运动的号角。《新青年》是五四反帝反封的主要舆论阵地、民主主义与社会主义的一面旗帜、革命青年的向导，影响了整整一代人。陈独秀因编《新青年》而扬名，《新青年》因陈独秀主编而升规格。《新青年》与陈独秀的名字分不开。陈独秀不仅是该刊主编，也是该刊主要撰稿人，其文风构成了该刊的基调。

他高举民主与科学大旗，提倡民主、自由、平等、人权，反对封建制主义；提倡科学，反对愚昧盲从与偶像崇拜。认为只有民主与科学可以救治中国政治上、学术上、思想上的一切黑暗。在他的倡导下，民主与科学成了五四运动的主要口号与运动主调，影响极其深远。《新青年》从创刊到休刊，前后七年。其时，正是中国人民特别是青年知识分子思想大解放的年代。而陈独秀所高举的四面旗帜，正是联合团结、启迪教育整整一代青年的思想基础。毛泽东曾告诉斯诺说："《新青年》是有名的新文化运动的杂志，由陈独秀主编。当我在师范学校做学生的时候，我就开始读这一本杂志，我特别爱好胡适、陈独秀的文章。他们代替了梁启超和康有为，一时成了我的模范。"1917年，周恩来到日本后，在朋友严智开那里借到了《新青年》第3卷全份，读后颇受启发。他在日记中记道："晨起读《新青年》，晚归复读之。于其中所持排孔、

独身、文学革命诸主义极端赞成。"又记:"这几天连着把三卷的《新青年》仔细看了一遍,才知道我以前在国内所想的全是大差,毫无一事可以做标准……今后要按着二月十一日所定的三个主义去实行,决不固持旧有的与新的对抗,也不可惜旧有的去恋念他,我愿意自今以后,为我的思想、学问、事业去开一个新纪元才好呢!"日记中又记:"我觉得我这次领悟,将以前的全弃去了,另辟新思潮,求新学问,做新事情。"看过《新青年》,周恩来还用这句诗来表达他这次的思想变化:"风雪残留犹未尽,一轮红日已东升!"恽代英当年写信给《新青年》杂志说:"我们素来的生活,是在混沌的里面,自从有了《新青年》渐渐醒悟过来,真是像在黑暗的地方见曙光一样。"参加过五四运动和受到运动影响振奋起来的人,无例外地都受到了《新青年》的启迪和鼓舞,先进的知识分子突破了资产阶级民主的樊篱,开始找到了马克思主义,并以此观点来分析世界形势和中国社会。陈独秀的功绩,就是把这一新的思潮,直接引导到推动五四运动的爆发和发展。

第二,陈独秀是五四运动中冲锋在前的勇士。他认为五四运动和以往的爱国运动均不同,必须采取"直接行动","对中国进行根本改造",并把斗争矛头指向侵略中国的帝国主义和统治中国的北洋政府。陈独秀不畏强暴、不怕牺牲,直接参加到运动的第一线,组织带领青年学生与军阀们展开了殊死的斗争。他曾宣称,为在中国实行民主与科学———一切政府的压迫、社会的攻击怒骂,就是断头流血,都不推辞。

五四运动爆发以后,关心他的朋友劝他离开北京,他气愤地说:"我脑筋惨痛已极,极盼政府早日捉我下监处死,不欲生存于此恶浊之社会也。"他和李大钊主办的《每周评论》,从5月4日至6月上旬,用全部版面报道五四运动发展情况,连续出版三期"山东问题"专号,提出"不复青岛宁死""头可断,青岛不可失"等口号,介绍青岛问题的历史真相,揭露帝国主义侵略中国的罪行,抨击北洋政府的卖国行径,以及报道北京学生被捕经过及遭受迫害的情况。一个月内陈独秀发表了7篇文章和33篇《随感录》。他在《为山东问题敬告各方面》一文中,指出日本侵害了东三省,又侵害山东,这是事关我们国民全体的存亡问题,无论是学界、政客、商人、劳工、农夫、警察、当兵的、做官的、议员、乞丐、新闻记者，都应出来反对亲日派才是，万万不能袖手旁观。陈独秀是言行一致的人，"不能袖手旁观"不是说给别人听的。他除了参加策划学生的一些集会外，6月9日，又亲自起草《北京市民宣言》，交胡适译成英文，10日连夜印好有中英两种文字的传单，11日下午亲自到北京闹区"新世界"楼上散发。因此，被捕入狱，关押了98天。陈独秀被捕，舆论大震，国内外大的报纸和通讯社纷纷报道。全国各地、各阶层人士动员起来营救陈独秀。孙中山对陈独秀被捕非常关心，在上海约见北洋政府代表许世英时，质问许，你们逮捕了陈独秀，"足以使国人相信，我反对你们是不错的。你们也不敢把他杀死，死了一个，就会增加五十、一百个，你们尽管做吧！"李大钊不分日夜到处奔波，为营救陈独秀竭尽全力。陈独秀出狱时，李大钊写了《欢迎陈独秀出狱》三首诗，其中写道："你今天出狱了，我们很欢喜！……什么监狱什么死，都不能屈服了你。"毛泽东在《湘江评论》上发表《陈独秀之被捕及营救》一文中说："陈君之被捕，决不能损陈君的毫末，并且留着大大的一个纪念于新思潮，使他越发光辉远大。……我祝陈君至坚至高的精神万岁！"在陈独秀坐牢的日子里，全国学界、教育界、政界、军界、工商界营救的洪流汇集成宣传陈独秀、宣传五四精神的波涛。真理战胜了暴政，爱国主义战胜了卖国主义。逮捕与营救，迫害与反迫害的斗争，使陈独秀的革命形象更加高大光辉了。

第三，陈独秀为中国人民指出了前进的方向。经过五四运动的洗礼，中国人民有了新的觉悟，特别表现在一批有志的青年知识分子中，他们以救国救民为己任，寻找探索中国之出路。各种流派和学说兴起。中国社会的前进，是走西方资本主义道路还是学苏俄十月革命走社会主义道路，成为社会发展的争论

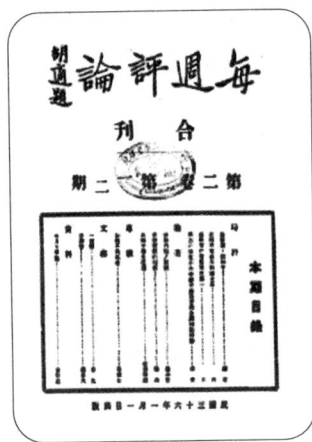

焦点。改良主义和冒牌的"社会主义"力争把中国引向邪路。陈独秀和李大钊等坚决站在捍卫马列主义的立场上，向社会宣战。第一个回合就是对胡适篡改《新青年》和《每周评论》办刊宗旨的论战。胡适在陈独秀被捕期间接办《每周评论》，他在第26、27号中把《杜威讲演录》编辑成专号，散布实验主义，又在《新青年》第6卷第4号中发表"实验主义"的文章，在《每周评论》第30号上发表《多研究些问题，少谈些主义》的文章，带头反对在

中国宣传共产主义，反对中国走苏俄十月革命的道路。陈独秀出狱后甚为不满。10月5日，《新青年》改组，陈独秀收回了编辑权，改轮流编辑为仲甫一人编辑。接着第二个回合，批判张东荪、梁启超的冒牌"社会主义"的论调。陈独秀把这次论战的双

方文章集中起来刊于《新青年》第8卷第4号上，并冠以"关于社会主义的讨论"的总标题。陈独秀在完成了由民主主义向社会主义思想的转变后，在上海立即投入到工人运动中去，深入社会，深入工厂做社会调查。他深感用科学社会主义来改造中国社会，必须要有强大的思想武器。因此，他委托陈望道译《共产党宣言》，恽代英译《阶级斗争》，李季译《社会主义史》，李汉俊译《马克思资本论入门》等书，先后于1920年由《新青年》出版，寄送全国各地。从此，马列主义的理论，社会主义的道路才展现在中国人民的面前。

第四，陈独秀把五四运动中涌现出来的先进骨干带进了中国共产党。经过五四运动，马列主义在中国得到广泛的传播，在马列主义与中国工人运动相结合的过程中，中国共产党的酝酿成立已是历史发展的必然。"南陈北李"在创建中国共产党的功绩，永垂青史。中国共产党的创立是在列宁领导的共产国际帮助下完成的。五四运动期间，列宁一直在关注着中国的革命形势。为了了解中国的情况，1920年4月，列宁派俄共（布）远东局负责人之一维经斯基到中国来。李大钊向维经斯基介绍，在中国建党，从社会影响、个人名望首推陈独秀。维经斯基到上海后，经与陈独秀交谈，又召开了座谈会，认为在上海创建中国的革命政党时机已经成熟。1920年5月，陈独秀邀沈雁冰、李达、李汉俊、陈望道、邵力子等成立一个秘密组织——马克思主义研究会。为了名称问题，陈独秀写信给李大钊。李回信说，按共产国际的意思，组织名称就叫共产党。8月，中国共产党上海发起组成立，推陈独秀任书记，接着函约各地社会主义分子组织支部。陈独秀又将上海建党情况告诉李大钊，要他负责北方京、津、唐山、山西、山东、河南等地工作。上海则负责苏、皖、浙等省。经过将近一年的筹备工作，1921年7月，中国共产党第一次代表会议终于在上海召开。中国的历史开辟了新的篇章。毛泽东、董必武、蔡和森、周恩来、瞿秋白、

吴玉章、李立三、李达、陈望道等在谈到自己参加共产党时，均称无不受到陈独秀的影响和教诲。

陈独秀是激进主义的代表。近代中国的激进主义与现代人理解的激进主义不同。近代的激进主义是包括革命民主主义与社会主义在内的革命主义。近代以来的革命者都被称为是激进主义者。五四时期的先驱们也都是激进主义者，如陈独秀、李大钊，甚至胡适等。不过，陈独秀表现得最突出、最具代表性，与法国18世纪大革命时期资产阶级民主派罗伯斯庇尔很相似。他常被称为"激进民主主义者""激进领袖"。"激进"与"缓进"，当时也以此区分革命与改良。孙中山国民党被称为"激进派"，梁启超进步党被称为"缓进派"。五四时期的陈独秀所以被称为"激进领袖"是因为他对封建主义的批判特别猛烈，常被称为是一员"闯将"，跃马横枪，冲锋陷阵；他的批判又特别尖锐，直刺敌人心脏，直揭事物本质；他的批判又是那么坚决，毫不妥协，没有任何退让余地，一反到底，决不中途收兵。陈个性张扬，才华横溢，激扬文字，锋芒毕露。他的文章特别有战斗力，特别能激动人心，特别能鼓舞斗志，很自然被时人称为"思想界的明星"。当然，这种激进主义在实际运行中不可避免地会有一些偏激，以感性代替理性，说了一些过头话，如他在批判旧道德时，一概否定为"奴隶道德"；反对旧文学，一律斥之为"贵族文学"；在对比中西文化时，认为中华民族一切都是"卑劣"的，西洋民族一切都是"高尚"的，主张"欧化"；在谈到爱国问题时，认为北洋政府这样"残民"的国家，根本不值得爱，甚至认为

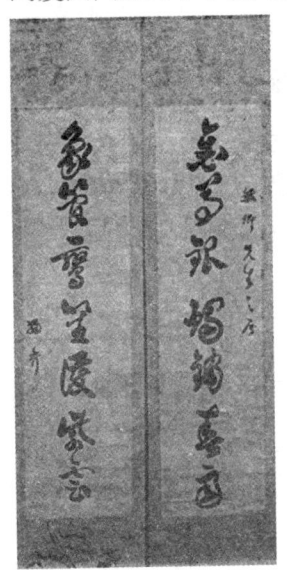

"恶国"不如"亡国"好等等。当然，这些言论是极其错误的、片面的，但也是一些"恨铁不成钢"的激愤之词，也有一些"重病需猛药"之意。李大钊当时就曾为自己也有某些过激言论而说过："吾今持论，稍嫌过激。盖尝秘窥吾国思想界之消沉，非大声疾呼以扬布自我解放之说，不足以挽积重难返之势"。

陈独秀也曾批评过钱玄同的废汉字激论，说钱这是对旧文化极为不满，"愤极了才发出这种激切的议论"；并批评钱的这种"用石条压驼背"的医法，"极不高明"。陈独秀的过激言论，初意是想刺激国人速觉猛醒，虽然未必达到目的，但也不妨认为这是一种爱国激情的

别样喷发。五四先驱们的"过激",可以说首先是帝国主义、封建主义"逼"出来的。近百年来中国人被"三座大山"压得喘不过气来。他们呻吟、呐喊、苦争、反抗,一旦用足力气掀掉身上的"大山",很难想象它会那么"正规",那么"文明"。这是压迫愈甚反抗愈烈的自然规律。再者,当国人觉醒之后,突然发觉我们大大落后于西方,他们有一种强烈的民族危机感、实现现代化的紧迫感,自然产生急起直追、急于求成的心态,希望兼程并力、毕其功于一役、快刀斩乱麻,彻底革命解决问题。所以近代中国的革命派大多易犯冒进错误。还有,五四先驱们大多是以研究学问为生命的大学者,他们在五四运动的狂飚中,纷纷被从学术圈子卷进了政治大旋涡中,一切都以反封建革命为标准,政治盖过了学术,于是言论往往超出了学术范畴。

(二) 李大钊

李大钊(1889—1927年),字守常,河北乐亭县人,中国最早的马克思主义者,中国共产党创始人之一。1913年留学日本,1916年回国,历任北京《晨钟报》总编辑、北京大学图书馆主任兼经济学教授和《新青年》杂志编辑,在《新青年》上发表了《庶民的胜利》和《布尔什维主义的胜利》,并宣传马克思主义。1918年和陈独秀创办《每周评论》,领导五四运动,1920年发起建立北京共产主义小组,并参与指导各地建党工作。中国共产党成立后,负责北方党的工作,帮助孙中山改组国民党。1924年代表中共参加第五次共产国际代表大会。1927年4月28日在北京被张作霖杀害。

李大钊进入北大,比陈独秀、胡适晚,1918年出任北大图书馆主任。他一入北大,就发挥了重要作用。如果说蔡元培、陈独秀、胡适主要是在新文化运动时期起领导作用的话,那么在五四爱国运动中,起主要领导作用的则是李大钊与陈独秀了。李在运动中的主要贡献是传播马克思主义。李是中国第一个马克思主义者,他在担任北大图书馆主任时期,正值俄国发生十月社会主义革命,社会主义成为人们关注的焦点。李趁机大量购买有关马克思主义的著作,组织"马克思主义研究会",著文(如《我的马克思主义观》等)介绍马克思主义,开设关于社会主义与唯物史观的讲座,从诸多方面宣传马克思主义。由于李大钊对马克思主义的介绍宣传,使中国人开始从进化史观中走出来,以唯物史观武装自己。从此,中国人的世界观发生了根本转变,能以阶级观点认识社会事物的本质,能从经济基础的深层揭示社会上层建筑变化的根本原因,从而使中国人民能在五四运动中对帝国主义与封建主义有本质认识,能够进行彻底的不妥协的反对帝国主义与封建主义的革命斗争。由于李大钊传播了马克思主义,使中国人民革命斗争有了马克思主义思想指导,这便从根本上扭转了五四运动的发展方向,即中国革命由此转向了社会主义范畴,揭开了中国新民主主义革命的序幕。由于马克思主义的传播,李大钊在五四运动中培养了一大批具有初步共产主义思想的先进分子,如邓中夏、毛泽东、恽代英、赵世炎、杨贤江、张闻天、高君宇、何孟雄、罗章龙等,他们在五四运动中发挥了重要骨干作用。李大钊还号召知识分子与工农相结合,促进五四运动向"六三"发展,促进中国工人阶级登上历史舞台。这一切为随后中国共产党的建立准备了组织条件。这些伟大功绩,炳彪史册,是任何其他五四领袖都无法比拟的。如章士钊后来所回忆的:"守常一入北大,比于临淮治军,旌旗变色,自后凡全国趋向民主之一举一动,从五四说起,几无不唯守常之马首是瞻。"

李大钊高擎社会主义大旗帜。五四时期是中国先进分子关于中国应走资本主义道路还是社会主义道路的大辩论、革命观大转折时期。新文化运动时期,中国先进分子都追寻民主主义,向往西方资本主义。但中国在巴黎和会上的失败,强权击败公理,国人开始觉醒,开始对资本主义产生怀疑。这时正值俄国爆发十月社会主义革命,宣布废除沙俄强加给中国的不平等条约,人们的视觉转向俄国,转向了社会主义,不少先进分子认为社会主义才是中国的出路。于

是五四时期,在中国大地兴起了一股不小的社会主义思潮,什么基特社会主义、无政府社会主义、工团社会主义、傅立叶空想社会主义、托尔斯泰不抵抗社会主义、本武者小路实笃的新村社会主义等,五花八门,应有尽有。这些思潮激发了人们对社会主义的关注,但也搅乱了人们对科学社会主义的重视。在这种情况下,李大钊高举科学社会主义旗帜,批判了各

种改良型社会主义,纠正或扭转了一部分人对社会主义的一些错误认识。在李大钊社会义大旗上明确写着三行大字:一是科学社会主义是"革命的社会主义",是马克思主义的社会主义,要打破旧制度,建立社会主义,必须采取阶级斗争手段,必须对旧制度从经济组织上进行根本改造。这一宣告,便与一切空想社会主义、改良主义划清了界限,表明科学社会主义的坚定立场与只有科学社会主义才能救中国的坚定信念。二是社会主义能够适用于中国。他指出,社会主义本来在资本主义发达国家里实行无产阶级革命的指挥,那么在落后的中国,还是封建主义占统治地位该怎么办呢?李大钊明确强调,社会主义须和中国社会实际相结合。他说:"社会主义适用到实际的政治上去,那就因时、因所、因事的性质情形,有所不同。"

"在别的资本主义盛行的国家,他们可以用社会主义做工具去打倒资本阶级。在我们这不事生产的官僚强盗横行的国家,我们也可以用他做工具,去驱除这一班不劳而生的官僚强盗。"

这就是说,中国可以用社会主义作指导进行反对封建主义的民主革命。这一创新性思想特别重要,既确定社会主义也适用于中国原则,又指出中国革命的新道路,这对中国共产党人探索中国新的民主主义道路问题有特别重要意义。三是未来的社会主义是很美好的。针对社会上一些人对社会主义搞阶级斗争的疑虑,李大钊指出,在社会主义社会里不存在阶级斗争,阶级斗争只是"阶级社会自灭的途径";社会主义建立,阶级斗争即将"熄灭",而代之建立起来的社会主义社会,将是一个协和、友谊、互助、博爱的社会。他认为社会主义者有一个共同一致认定的基础,这基础就是协和、友谊、互助、博爱的精神。在李大钊看来,协和、友谊、互助、博爱,是社会主义的精神,是社会主义的特征,社会主义是一个非常美好的和谐社会。在李大钊有关社会主义思想指引下,越来越多的人聚集在社会主义旗帜下,从而扩大了社会主义队伍,增强了社会主义力量,保证了五四运动的胜利及其向社会主义的发展方向。

(三) 蔡元培

蔡元培（1868—1940年），字鹤卿，号孑民，浙江绍兴人。他是中国近现代著名的民主革命家和教育家，为中华民族的进步和发展，为在中国建立资产阶级的教育体制，尤其是为改革和发展中国的高等教育事业，作出了重要的贡献。北京大学是五四运动的活动基地，而蔡元培就任北京大学的校长，因此蔡元培在推动五四运动的发展中起到了积极作用。

蔡元培的突出贡献是，对新文化运动的支持与保护，并提出了著名的、具有深远历史意义的"循思想自由原则、取兼容并包主义"的办学方针。在这一方针下，他首先集中力量改造旧北大，把它建成科学与民主的阵地、新文化运动的中心。那时虽然已是民国了，但旧北大依然是一个封建文化的堡垒。这样的学校不可能为新文化运动服务，且是新文化运动的强大阻力。蔡出任校长后，冲破种种阻力，在教育思想、学校体制、教学内容与课程设置、学生守则、甚至道德标准等方面进行了大胆改革，把北大从旧体制中强行拉到资本主义教育发展轨道上来，为新文化运动的发展创造了有利条件。特别重要的是，上述方针为北大开启了一片自由天地，民主主义、社会主义、无政府主义等各种思想、流派，可以在北大自由地传播，民主主义甚至马克思主义趁机发展起来。蔡元培支持李大钊在北大建立马克思主义研究会，开设宣传唯物史观与社会主义的课程与讲座，使马克思主义首次在中国大地上发芽、生长。在这一方针下，蔡元培聘请了一大批年轻有为、学有专长的新派人物进北大任教，如请著名的《新青年》杂志主编陈独秀任北大文科学长，聘胡适、李大钊、钱玄同、鲁迅、刘半农、高一涵、周作人、沈尹默、沈兼等著名学者任教授。这批新派人物入

北大，改变了北大教师队伍结构，形成了一支开展新文化运动的中坚力量，为新文化运动的兴起与发展奠定了坚实的基础。在这一方针下，北大学生思想空前活跃，他们建社团、出刊物、搞大辩论，提高了觉悟，加强了团结，为新文化运动培养了一支青年力量。所有这些，

使北大为新文化运动作了充分准备，成为新文化运动的发源地。所以，从某种程度上说，没有蔡元培的"思想自由，兼容并包"，就没有北京新文化运动，就没有民众的觉醒，就没有五四运动。他的教育理念为后来发生的历史搭建了一个舞台。

不仅如此，蔡元培还以北大校长身份极力保护新思想与新文化运动。在旧派与反动势力的围攻下，蔡元培挺身而出，担当责任，保护新派领袖；当学生游行被捕时，他又一马当先，奔走各方，营救学生，最后为救学生而毅然辞职。正如宋庆龄所指出的："蔡元培先生是我国著名的民主革命家、教育家、科学家。他提出科学与民主，主张'兼容并包'，百家争鸣，培养教育了一代人。他积极支持五四运动，对学生爱国行动极表同情，并大力营救那些被捕的学生。"学生释放后，斗争并没有结束，第一，参加巴黎和会的中国代表并没有不签字的表示；第二，曹汝霖以学生烧了他的房子，打了他们，向为首的学生起诉，要求赔偿损失；第三，尤其紧要的，段祺瑞指使安福系阁员提出整顿学风，进行反扑。首先就是撤换北大校长蔡元培，派胡仁源代北大校长。蔡果然于学生出狱的第三天被迫辞职。蔡元培校长一走，胡仁源的任命，加

上曹汝霖的反攻，对学生运动如同火上添油。学生们于"外争国权，内除国贼""收回山东权利"之外，又加上了"蔡校长复职，反对胡仁源来校"这一强烈要求。9日，北大学生议决"停课待罪"，表示坚决挽留蔡校长。北京各大专学校校长继蔡元培之后，也都全体提出辞职，支持蔡元培。1919年6月15日，蔡元培52岁时，在他发布的《不愿再任北京大学校长的宣言》中说："我绝对不能再做不自由的大学校长；思想自由，是世界大学的通例。"后由于北大师生极力挽留，蔡元培答应只做北大师生的校长。

事实表明，蔡元培不愧为五四运动的领袖。毫不夸张地说，没有蔡元培就没有新北大；没有新北大就没有五四运动，即使有也不知要推迟多少年。五四运动的学生领导人之一许德珩回忆：在这个运动中，蔡元培先生"不仅仅是精神上的指导者，简直是实际上的行动者"。

（四）胡适

胡适（1891—1962年），字适之，安徽绩溪县上庄村人。五四时期的胡适几乎与陈独秀齐名，常被人们简称为"陈胡"，其地位与影响力仅次于陈独秀。当时李大钊也对"陈胡"表示了极大的尊重，认为他们俩是五四运动的主导、领袖，他在1919年8月写给胡适的信（《再论问题与主义》）中说，"仲甫先生和先生的思想运动、文学运动"被认为是中国"民主主义的正统思想"。

1917年胡适回国，任北京大学教授。他积极参加新文化运动和文学革命运动，是文学革命和初期新文化运动中重要的代表人物。他加入《新青年》编辑部，撰文反对封建主义，宣传个性自由、民主和科学，积极提倡"文学改良"和白话文学。同年，胡适在《新青年》上发表轰动一时的《文学改良刍议》一文，提出言之有物、不模仿故人、须讲求文法、不作无病之呻吟、务去滥调套话、不用典、不讲对仗、不避俗字俗语等八项主张。随后他又发表《建设的文学革命论》一文，提出"国语的文学——文学的国语"的口号，提倡"真文学"和"活文学"，反对"假文学"和"死文学"。他的"文学革命"倡议迅速得到陈独秀、钱玄同、刘半农等人的支持与并力提倡，随之，"文学革命"的口号风行全国。陈独秀对胡的"文学革命"倡议尤大加赞赏，写《文学革命论》称胡文是"今日中国文界之雷音"，胡是"首举义旗之急先锋"，并进一步发挥了胡的思想，提出他的激进"革命主义"：推倒贵族文学，建设国民文学，从而把"文学革命"浪潮推向了高峰。胡适"文学革命"的最大功绩是提倡白话文，把文学从贵族手中解放出来，还给广大平民百姓，使广大人民群众迅速接受了新思想、新道德、新文化，提高了认识水平与思想觉悟，使新文化运动很快形成全国性的运动，并对中国社会现代化产生深远影响。胡适由于提倡文学革命与白话文而名声大噪，被人们尊之为新文化运动的领袖人物。就连反对白话文运动的代表人物章士钊也不得不承认：人们对白话文"如饮狂泉，举国若一"，很多人都"以适之为大帝，绩溪

（胡适家乡）为上京"。

胡适是自由主义的旗手。自由主义思想早在戊戌维新运动中就被提倡过。严复即被称为"中国自由主义之父"。五四时期这种自由主义得到相当发展。胡适自称"我们是爱自由的人"。他提倡自由、崇拜自由，认为"自由主义运动是爱自由，争取自由，崇拜自由"的运动。他把自由提到相当高度，几乎达到自由就是一切，一切为了自由的程度，陷入自由拜物教的迷雾中。他进而把争取自由与提倡个性解放与女子解放联系在一起，严厉谴责社会对个性的摧残、限制其自由发展的罪恶，希望建立一个"真正尊重个人自由的社会"。在这样的社会里，"决不能迷失自己独立的人格。社会国家没有自由独立的人格……那种社会国家决没有改良进步的希望。"（《胡适文存》）胡适的自由主义，适应社会个性解放的需要，在广大资产阶级、小资产阶级知识分子中拥有一定的群众。特别是知识女性，在胡适女子解放、女子自立的号召下，纷纷走出封建家庭，走上社会，争做与男子一样的"自立"新人。但这种争取个性解放与个人自由的言行受到很大的局限。因为他们要争取完全自由，但反对暴力革命斗争手段，主张哲学上的实用主义，政治上的改良主义。他们反对封建专制主义，同情学生运动，但又怕群众运动过激，怕社会主义运动，怕激进主义的革命。如李大钊所批评他们的："一方面要与旧式的顽固思想奋战，一方面要防遏俄国布尔什维克主义的潮流。"

五四时期，与李大钊等展开"问题与主义"辩难。1919年7月，胡适在《每周评论》上发表《多研究些问题，少谈些"主义"》一文。他认为"空谈好听的'主义'是极容易的事，是阿猫阿狗都能做的事，是鹦鹉和留声器都能做的事"。他主张"少谈些主义"，是反对宣传马克思主义，否认马克思主义对中国革命的指导作用。胡适主张"多研究些问题"，是反对"根本解决"中国的社会问题，主张一点一滴地进行改良。同年8月，李大钊在《每周评论》发表《再论问题与主义》，指出问题与主义是不可分

五四运动

割的关系,"我们的社会运动,一方面固然要研究实际问题,一方面也要宣传理想的主义"。他针对胡适反对"根本解决"的观点,指出"必须有一个根本的解决,才有把一个一个的具体问题都解决了的希望"。"问题与主义之争"标志着新文化运动中统一战线的内部马克思主义与改良主义的公开分裂。通过论战,早期的马克思主义者进一步阐明马克思主义与中国革命的关系,扩大了马克思主义的影响。

(五) 罗家伦

罗家伦(1897—1969年),字志希,笔名毅,浙江绍兴人。五四运动的学生领袖和命名人,31岁的清华大学校长,中央大学的10年掌权者。1897年出生于江西南昌一个旧式读书家庭,他早年受的是家塾式的传统教育,但也有机会读到上海出版的新书报,并在传教士开设的夜校补习英文,打下了很好的基础。1919年1月,罗家伦和一些北大高年级学生一起出版了《新潮》杂志,第1期至第5期的总编辑是傅斯年,罗家伦任编辑,两人写了很多关于妇女解放、婚姻自由等意气风发的文章,《新潮》杂志在当时成为继《新青年》之后,倡导新文化运动第二种最有影响的刊物。

蔡元培、陈独秀、李大钊、胡适等人都对罗家伦他们给予了极大支持。

《新潮》的编辑部,就是李大钊北大图书馆的办公室。蔡元培批准由北大经费中每月拨出一部分给《新潮》,这引起了保守派的强烈攻击。他们通过教育总长傅增湘向蔡元培施加压力,要他辞退两个教员——《新青年》的编辑陈独秀和胡适;开除两个学生——《新潮》的编辑罗家伦与傅斯年。但蔡元培坚持不肯,维护了大学不受政治干涉的原则,也因而得到全国学术界的敬仰。

1919年4月,中国在巴黎和会失利的消息传到北大,罗家伦和一些同学便商议对策,为了不给北大和蔡元培校长造成压力,他们商定 5 月 7 日这天，联合市民游行抗议。可是到了 5 月 3 日，蔡元培校长得知北洋政府同意对山东问题做出退让，立即通知了罗家伦、段锡朋、傅斯年和康白情等人。当天深夜，大家决议改在 5 月 4 日这一天去天安门集合游行。当晚罗家伦与江绍原、张廷济一道，被各校代表推举为总代表。罗家伦的任务包括连夜购买写标语的白布，联络各校学生，起草宣言，向各国驻华使馆递交备忘录等。可惜那天拍下的照片不多，只有一张可以确切认出是罗家伦的面貌，拿着白布旗子走在北大队伍的前列。

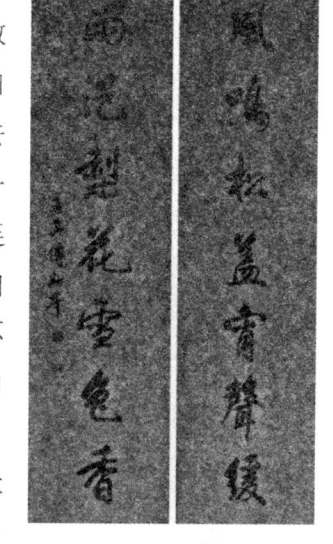

五四那天散发的唯一一份印刷品《北京学界全体宣言》传单是罗家伦起草的。1919 年 5 月 4 日那天上午，罗家伦从外面赶回北大时，一位同学说："今天的运动，不可没有宣言。"北京八校公推北大起草，北大同学又推举罗家伦来写。当时时间紧迫，不容推辞，罗家伦就站在一个长桌旁边，写好了宣言。宣言虽然只有 180 字，却写得大气磅礴，极富号召力。特别是最后那几句："中国的土地，可以征服，而不可以断送；中国的人民，可以杀戮，而不可以低头，国亡了，同胞起来呀！"现在读起来还让人心潮澎湃。

（六） 傅斯年

傅斯年（1896—1950 年），字孟真，山东聊城人。著名史学家，文学家。1916 年考入北京大学文科。然而国学大师们的赏识与栽培，没能抵过新文化运动中"赛先生"的魅力。正当傅斯年锐意于章氏之学的时候，胡适的出现给他带来了春雷惊梦般的巨大震动。这位太炎学派的追随者，竟一下变成新文化的倡导者，这其中既有胡适对他的引导，也是和当时整个社会大环境的影响分不开的。从此，作为自由主义者的傅斯年，在五四新文化运动中走上中国历史文化的舞台。

由于受到民主与科学新思潮的影响，成为北大学生会领袖之一。抱着为新文化而奋斗的热忱，傅斯年和罗家伦等几位北大同学紧随《新青年》的步伐，创办了《新潮》月刊。《新潮》是北大学生自己办的刊物,并得到了北大校方的资助。在新文化运动中,《新潮》是仅次于《新青年》的重要刊物,它的宗旨是"批评的精神""科学的主义"和"革新的文词"。傅斯年作为《新潮》的灵魂人物,其思想观点和学术主张也逐渐为世人所熟知,由此成为新文化运动的代表人物之一。

青年傅斯年风头最劲的时候,还是在五四游行的队伍里。游行当天,傅斯年是北京大学的学生领袖,为北大集会时主席、游行示威总领队。他肩扛大旗率领学生在天安门与其他院校学生会合,向东交民巷使馆区进发,准备抗议示威,但在东交民巷遭到外国军警阻拦。游行队伍派代表向各国公使馆递交了声明书,这时队伍中即有人高呼:"到外交部去!到卖国贼的家去!"傅斯年曾劝说同学不要激动,但他已无法控制当时愤怒的形势,于是率众前往赵家楼曹汝霖住宅,痛打章宗祥,火烧赵家楼。

运动第二天,在讨论下一步行动时,有一人因意见不同而与傅斯年发生冲突,傅斯年一怒之下,从此不再参与学生会工作。最后推选出段锡朋主持工作,傅斯年从此退出五四运动,但他的爱国之心使他无法全然置身事外,还是全力支持段锡朋的工作,对运动密切关注。虽然傅斯年没有完整地参加五四运动的全过程,但是他对五四运动的贡献是不可埋没的。作为新文化运动的思想领袖和五四运动的学生领袖,傅斯年成为叱咤一时的风云人物。

1949 年 1 月,傅随历史语言研究所迁至台北,并兼台湾大学校长。傅斯年在政治上亲蒋反共,他出于维护国民党蒋介石政权的目的,要求严惩贪官污吏,整制政风,反对"中国走布尔什维克道路";在学术上,信奉考证学派传统,主张纯客观科学研究,注重史料的发现与考订,发表过不少研究古代史的论文,并多次去安阳指导殷墟发掘。他主持历史语言研究所期间,延揽一流人才,作出不少成绩。1950 年 12 月 20 日在台北病逝。著作编为《傅孟真先生集》。

(七) 恽代英

恽代英(1895—1931 年),又名蘧轩,字子毅,江苏武进县人。恽代英出生时，父亲恽爵三期望他长大成人后做事能够持之以恒、有毅力，便给其起了子毅的字号。而恽代英亦没有辜负其父的殷殷期望，在五四运动这场足以彪炳千秋的革命壮举中，被誉为"中国青年的领袖和导师"，满怀革命必胜的信念，为运动作了大量的工作。恽代英的英名已与五四运动这一不朽的历史事件一起载入史册。

恽代英毕业于中华大学中文系，在上学期间博览群书。此时恰值陈独秀主办的《新青年》问世，恽代英读后甚为激动，他在给一位朋友的信中曾写道："我很喜欢看《新青年》《新潮》，因为他们是传播自由、平等、博爱、互助、劳动的福音的。"此后，他便经常与陈独秀通信联系，于《新青年》《青年进步》《东方杂志》等刊物共发表各类文章80余篇。1917年10月，恽代英和梁绍文、冼震、黄负生等在中华大学学生中创办了以"群策群力，自助助人"为宗旨的互助社，社员近20人。互助社是武汉地区诞生的第一个进步团体，也是全国最早的进步社团之一。翌年夏天，恽代英大学毕业，由于学业优秀，在青年学生中又有很高威信，遂被聘为附中部教务主任。

五四运动爆发的第二天，《汉口新闻报》即在武汉地区率先报道了北京学生请愿、集会的消息。闻此信息，恽代英当即写就《四年五月七日之事》的爱国传单，这也是该市的第一份传单。传单写成后，恽代英与其学生林育南连夜将其赶印600余份，到学校和街上广为散发。彼时因是国耻纪念日，"各机关各学校均放假一天，以示不忘"，而中华大学为"鼓励尚武精神""振扬国雄"，正举行运动会，于是，恽代英写下的传单即"有血性的黄帝的子孙，你不应该忘记民国四年五月七日之事。现在又是五月七日了，那在四十八小时内，强迫我承认二十一条密约的日本人，现在又在欧洲和会里强夺我们的青岛，强夺我们的山东，要我们四万万人的中华民国做他的奴隶牛马。你若是个人，你还要把金钱贡献他们，把盗贼认做你的父母兄弟吗？我亲爱的父老兄弟们，我总信你不至于无人性到这一步田地。"被师生争相传诵，引起巨大反响。据记载，时任《大汉报》主笔和编辑的萧楚女读后也深受感染，遂将传单刊登于该报，并加按语："观此其爱国热忱溢于言表，同胞共览，请勿为亡国奴。"

5月9日,武汉各大中学学生代表连续聚会于中华大学,决定与京津学生一致行动,成立武昌学生团,以外争国权,内除国贼,并公推恽代英起草《武昌学生团宣言书》。恽代英随后便收集资料,夜以继日,写成了四千余字的《武昌学生团宣言书》,对北京爱国学生的五四革命行动予以高度评价,强烈要求北洋军阀政府"下令斥逐"曹、章之辈,号召学生积极行动起来,投入到这场轰轰烈烈的爱国运动中去。

5月12日,中华大学等十五所学校召开联合大会,通过了由恽代英起草的致北洋政府、各省、各机关、各学校并巴黎和会及美国总统威尔逊的电文,强烈要求争回山东主权。随后,在恽代英指导下,武汉学生联合会于5月17日在中华大学举行了成立大会,恽代英的学生林育南、李求实和陈潭秋、李书渠、廖焕星等皆成为学联骨干。恽代英还为学联刊物《学生周刊》制定了"唤起国民爱国热忱,提倡国货坚持到底"的宗旨,并亲自撰写了发刊词,号召广大学生与民众在"外交紧急,河山变色"的危急之际,"对外一致,始终不懈",众志成城地投入挽救祖国危亡的斗争。

有学者曾这样形容《学生周刊》的影响力:"(学生周刊)犹如催人出征的战鼓,鼓舞武汉民众在'嗟我中国,强邻伺侧,外交紧急,山河变色'之秋,'众志成城'地投入反对帝国主义的革命斗争中去。周刊以通俗的白话文进行爱国主义宣传,'行销畅旺'。周刊第1期先印五百份,供不应求,又加印一千余份,深受武汉三镇民众的欢迎。《时报》1919年7月3日报道:昨日学联会会员在汉口沿途售卖《学生周刊》,'正至大智门附近,忽有苦力多人,争相购取。其中有不识字者,遂央人讲解,彼等俯首静听,有闻之泪下者,有长吁短叹者,又有听毕不忍去者'。"

5月18日,为声援北京学生运动,武汉学联举行了有3000余学生参加的大规模示威游行,散发恽代英为这次活动所写的《呜呼青岛》传单,高呼"为山东的主权,为中国未来的前途""莫买日本货,亦莫卖日本货"!当时,"队伍所到之处,'各商民莫不现一种喜悦之表示,又莫不含有痛恨日人欺侮之怒气'",许多人将茶果酬劳游行队伍,有位人力车夫为学生爱国热忱所感动,还大声疾呼"学生万岁"!此次游行使"争回青岛""灭除国贼"

"勿忘国耻""提倡国货"的口号更加深入人心,为运动的深入发展奠定了群众基础。恽代英与学联研究扩大游行的影响,组织了"学生实行提倡国货团",并派代表前往武昌、汉口等处商会磋商提倡国货的办法。他在日记中曾动情地写道:"欲求实在有裨于国,只有发天良用国货,注意国事,为国家做事。"6月28日,在陈独秀、恽代英等一大批仁人志士的不懈努力下,参加巴黎和会的中国代表,终于拒绝在和约上签字。至此,这场伟大的反帝爱国运动直接目标得以实现,五四运动取得了胜利。五四运动是中国旧民主主义革命的结束和新民主主义革命的开端,中国革命从此进入了一个新的历史时期。

五四运动对恽代英影响极其深远。在这场运动中,恽代英和李大钊、陈独秀、邓中夏等人都有交往,这对其思想发展产生了很大影响。恽代英曾应陈独秀之约,翻译了考茨基的名著《阶级争斗》,并由新青年社出版,对我国早期的马克思主义的传播起了很大作用。此后,经过艰辛的探索,恽代英在马克思主义的指引和迅速发展的革命形势推动下,实现了由民主主义到共产主义的转变。1921年7月16至21日,他曾率领林育南、李求实等利群书社成员共24人,建立了党的早期组织性质的共存社。随后得知中国共产党成立,共存社即停止活动,恽代英率先于是年冬加入中国共产党,并号召其战友争取入党。不久他相继介绍张浩、萧楚女加入中国共产党。

"浪迹江湖忆旧游,故人生死各千秋。已摈忧患寻常事,留得豪情作楚囚。"这是烈士就义前留下的感人肺腑的诗篇。1930年5月6日,被蒋介石认为是"黄埔四凶"之一的恽代英在上海被国民党当局逮捕。在狱中,面对敌人的威逼利诱,恽代英坚贞不屈,坚信中国共产党的事业必将取得最后胜利,最终于1931年4月29日被残酷杀害,时年36岁。1950年5月6日,周恩来在《中国青年》杂志上,曾为纪念恽代英殉难十九周年题词:"中国青年热爱的领袖——恽代英同志……他的无产阶级意识、工作热情、坚强意志、朴素作风、牺牲精神、群众化的品质、感人的说服力,应永远成为中国革命青年的楷模。"与瞿秋白、张太雷并称常州三杰的恽代英,虽然英年早逝,却英魂长存,虽死犹生。

五、五四运动的精神内涵

五四运动历史进程中所形成的五四精神蕴含了深邃而丰富的时代内涵。在五四爱国运动发生当月出版的《每周评论》上,罗家伦(署名毅)发表的《五四运动的精神》指出:五四运动是中国学生的创举,同时也是中国人民的创举;五四运动精神有三种,即学生牺牲的精神、社会裁制的精神和民族自决的精神;这三种精神关系中国民族的存亡。显然,这仅指的是五四爱国运动的精神。对五四运动颇有研究、著有《五四运动史》的周策纵教授曾提出过:五四精神应概括为三个方面:"爱国运动"、"以批判的态度重新评估一切"和"思想界的自由发展"。他也提到过"五四的基本精神——提倡民主和提倡科学"。本书试图通过五四时期先进分子的言论和五四爱国运动本身,来把握五四时代精神。

(一) 爱国主义精神

爱国主义是整个中国近现代的时代精神之一,是中国人民千百年来铸就起来的坚不可摧的思想堡垒,是中华民族的优良传统。爱国主义体现在祖国和民族危亡时刻,社会各阶层的人们都能够毫不犹豫地挺身而出,以不同形式投身到战斗中去,捍卫国家利益,这在五四运动中体现得尤为突出。

20世纪初,帝国主义列强入侵中国,而封建军阀无耻地出卖国家民族利益,中国人民备受宰割和凌辱。五四运动正是在民族危亡的时刻爆发的一场伟大的反帝反封建的爱国运动。具有满腔爱国热情的五四先驱者们把斗争的矛头

指向帝国主义和封建军阀,他们不怕牺牲、自觉奉献,肩负起救国救民的历史重任。当巴黎和会上中国收回山东的合理要求被拒绝时,五四运动旗帜鲜明地提出了"外争国权,内惩国贼""誓死力争,保我主权""宁为玉碎,勿为瓦全""还我山东,废除二十一条"等口

号。社会各界群众包括广大青年学生和工人阶级、小资产阶级及其部分资产阶级在联合行动中还当场血书,并散发了由罗家伦起草的白话文传单,喊出了"中国的土地可以征服,而不可以断送!中国的人民可以杀戮,而不可低头!国亡了!同胞起来呀!",这充分体现出了可歌可泣、气壮山河的爱国主义精神。

在整个五四爱国运动中,不论是学生、工人、农民以及部分资产阶级,广大社会群众纷纷行动起来,加入到保家卫国的战斗中去,体现出的爱国热情是前所未有的。爱国这一千百年来不变的主题在这里得到了升华。维护国家主权,拯救民族危亡,成为人民共同的意愿,同时这也反映出当时的人们渐渐开始觉醒,对帝国主义侵略和内政腐败的本质有了更清楚的认识。五四运动所表现出的强烈爱国主义精神,是民族危亡的紧要关头最为可贵的精神。

在五四爱国主义精神的感召和激励下,中国人民团结奋起,共抗帝国主义的压迫,共同面对前进道路上出现的种种困难。在中国共产党的领导下,经过艰苦卓绝的浴血奋战,取得了民族独立和解放斗争的巨大胜利,中国人民从此站了起来。这个民族独立和解放的进程,在一定意义上说,也是五四爱国主义精神不断发扬的进程。

(二) 科学民主精神

半封建半殖民地时期的中国,受千百年来蒙昧主义思想的束缚,排斥理性、排斥科学,主张保守愚民的政策,文化停滞不前。五四先进知识分子们对中国传统文化进行反思,吸收了西方启蒙思想,以民主和科学作为有力的思想武器。

陈独秀在他创办的《新青年》杂志创刊号上,首先高举民主和科学两面旗帜,声称"科学"与"人权(即民主)","若舟车之有两轮","国人欲脱蒙昧时代,羞为浅化之民也,则急起直追,当以科学与人权并重"。五四时期宣扬的民主指的是西方资产阶级启蒙时期所提倡的民主思想和民主制度,核心是反对以孔子为代表的儒家旧伦理道德为中心的封建专制主义和封建礼教。陈独秀认为"儒者三纲之说,为一切道德、政治之大原",并认为"孔子之道,不适合现代生活"。李大钊号召青年"冲决过去历史之网罗，破坏陈腐学说之囹圄"，实现"政治的觉悟"和"伦理的觉悟"以创造民主的"青春中国"，表现了中国人民反封建反压迫的决心和信念。同时，五四先进知识分子们又认为民主与科学有着密切联系，若车之有两轮，鸟之有双翼，缺一不可。在一个封建迷信与愚昧充斥的国家里，是无法真正实现民主政治的。要引领中国走出黑暗，不仅靠民主还要靠科学。陈独秀提出："士不知科学，故袭阴阳家符瑞五行之说，惑世诬民，地气风水之谈，乞灵枯骨。农不知科学，故无择种去虫之术。工不知科学，故货弃于地，战斗生事之所需，一一仰给于异国。商不知科学，故惟识罔取近利，未来之胜算，无容心焉。医不知科学，既不解人身之构造，复不事业药性之分析，菌毒传染，更无闻焉。"可见，不懂科学，对国家、社会危害有多么大。正基于此，以陈独秀为代表的先进知识分子们大力提倡科学，反对盲从，反对迷信，推崇理性。

实践证明，历史上任何一次社会变革运动总是以思想革命为其先导的。科学和民主的思想在当时封建落后的中国，对于渴望自由、追求科学与民主的人们来说是一种鼓舞，它指引人们走向光明之路。因此，在当时引起了强烈的社会反响。科学与民主思想冲破了中国数千年来教条和习惯势力的束缚，是向封建专制政治、宗法家族制度和纲常礼教思想的宣战。可以说，没有科学和民主新思想的启蒙，就不会有后来马克思主义在中国的传播和发展，民族的独立和解放就不能取得具有决定性意义的胜利。五四时期提出民主和科学的口号，正是为实现这个历史任务服务的。

（三）改革创新精神

五四运动体现的改革创新精神在于它提出了新理论、新思想，体现出革新意识和革新精神，成为中国现代文化的开端。五四的先进知识分子们对各种中西文明成果，进行去其糟粕，留取精华，铸就出具有时代风貌的流传至今的不朽的五四精神。这种创新性集中体现在五四时期启蒙思想家们所具有的创新意识和创新精神上。

五四先进知识分子们接受新理论和新理念,引进外来西方启蒙思想。尽管我们与西方存在意识形态的差异,西方先进思想又错综复杂、真伪交错,但是它使中国人民接触到了新思想、新理念,使得中国人获得了一种全新的参照系来反思自己的传统文化。"所谓新者是积极进步的,抛弃不适用的,创造美的,善的,来应付新时代的需要"。陈独秀指出:"我们想求社会进化,不得不打破'天经地义''自古如斯'的成见,决计一面抛弃此等旧观念,一面综合前代贤哲、当代贤哲和我们自己所想的,创造政治上、道德上、经济上的新观念,树立新时代的精神,适应新社会的环境。"这充分体现出五四先进知识分子们"弃旧图新"的主张。"天下事理无日不在进化中,无日不在日新月异中,旧者万不能常存,终必为新者所战胜","夫新旧之争,旧者终必有根本推倒降服于新之一日"。五四先进知识分子们坚信新的要战胜、取代旧的,这是历史的必然趋势。李大钊认为:"世界上的军国主义、资本主义,都像唐山煤矿坑上的建筑物一样,他的外形尽管华美崇闳,他的基础,已经被下面的工人掘空了,一旦陷落,轰然一声,归于乌有。"他们坚信光明一定会驱走黑暗,新社会必将取代旧社会。陈独秀在总结新文化运动时还曾说过:"新文化运动要注重创造的精神。创造就是进化,世界上不断的进化只是不断的创造,离开创造便没有进化了。我们不但对于旧文化不满足,对于新文化也要不满足才好;不但对于东方文化不满足,对于西洋文化也要不满足才好,不满足才有创造的余地。"毛泽东在评价五四运动时曾提出过:"五四运动所进行的文化革命则是彻底的反对

五四运动

封建文化的运动,自有中国历史以来,还没有过这样伟大而彻底的文化革命。"由此可以看出,五四时期的先进知识分子们确实具有创新思想、革新精神,体现出改革创新精神。

岁月如同东逝水,奔流入海,昼夜不息。1919年5月4日,一场发生在中国大地上惊天动地、轰轰烈烈的革命,迄今已经九十多个春秋了。

陈独秀在1915年9月就告诉青年奋斗的方向是自主的而非奴隶的,进步的而非保守的,进取的而非退隐的,世界的而非锁国的,实利的而非虚文的,科学的而非想象的。李大钊先生也明确指出:青年之于社会,殆犹此种草木之于田畴也。青年循蹈乎此,本其理性,加以努力,进前而勿顾后,背黑暗而向光明,为世界进文明,为人类造幸福,以青春之我,创建青春之家庭,青春之国家,青春之民族,青春之人类,青春之地球,青春之宇宙,资以乐其无涯之生。乘风破浪,迢迢乎远矣,复何无计留春望尘莫及之忧哉?

多少年来,年年过"五四"。我们纪念五四运动,是为了继承和发扬五四精神。那么"五四"留给我们最宝贵的精神遗产是什么?"爱国主义",是五四精神的精髓;"民主与科学",是五四精神的核心;解放思想,勇于变革,居安思危,无私奉献,是五四精神的体现。

康有为、梁启超、严复为代表的一群现代知识分子,是中国近代历史上第一代思想启蒙者;李大钊、陈独秀、鲁迅为代表的第二代知识分子,"铁肩担道义,妙手著文章",以天下为己任,以振兴民族为目标,唤醒了青年,唤醒了民众,于是有了五四运动的思想基础。

五四运动爆发在中华民族危难时刻。第一次世界大战结束的巴黎和会,列强悍然拒绝中国代表有关收回被侵占的山东、废除帝国主义在中国的特权、废除日本亡我的"二十一条"等正义要求。消息传到国内,人民义愤填膺!北大学子首先揭竿而起,各地知识分子、商人、工人群情激昂,一呼百应,"打倒卖国贼""反帝反封建"!呼声遍及神州,震惊世界!五四精神是中华民族精神光辉史册中绚烂的一页,是承前启后的中华民族永不褪色的历史记忆。

中华民族精神是五千年厚重文化积淀和筛选出

来的精华，它包含着一些最基本的要素：一是自强不息的奋斗精神。"天行健，君子以自强不息"（《易经》）已成为历代先贤信奉的圭臬。二是对真理的执著追求。"富贵不能淫，贫贱不能移，威武不能屈"（《孟子》）是中国人崇奉的气节。三是为国家、为民族利益舍生取义，在所不惜。如"人生自古谁无死，留取丹心照汗青"（文天祥），"苟利国家生死以，岂因祸福避趋之"（林则徐），是我们学习的楷模。四是忧患意识，居安思危，"先天下之忧而忧，后天下之乐而乐"（范仲淹），生于忧患、死于安乐，一直激励后昆奋发有为，勤政为民。中华民族精神是与时俱进的。在长期革命斗争和社会主义建设中，不断地淬炼充盈，已经形成了长征精神、红岩精神、延安精神、大庆精神、雷锋精神，等等。一个国家和民族在发展的道路上，总会发生一些影响深远的重大历史事件，镌刻在这个国家和民族的集体记忆中，反映国家和民族的凝聚力和精神魅力，并预示着这个国家和民族的未来。

在五千多年的发展中，中华民族形成了以爱国主义为核心的团结统一、爱好和平、勤劳勇敢、自强不息的伟大精神。祖国已经进入一个新的历史时期，振兴中华民族的重任，已然落在新一代肩上，"五四"的火炬光荣地传递到青年手中。让我们以满腔热诚，去开拓前人未竟的事业，用学习、创造、奉献，去拥抱明天新的希望，唱响新时代的青春之歌！

变革与改制